MÉTHODE MNÉMONIQUE POLONAISE

Application aux Langues

GRAMMAIRE FRANCAISE

COURS D'ÉDUCATION

POUR LES JEUNES PERSONNES

DIRIGÉS

Par Mmes CLAIR, rue Saint-Honoré, 343,

ET AUTORISÉS

Par M. le Ministre de l'Instruction publique.

CHRONOLOGIE.	COSMOGRAPHIE.
HISTOIRE.	ANGLAIS.
GRAMMAIRE FRANÇAISE.	DESSIN.
LITTÉRATURE.	DANSE.
ARITHMÉTIQUE.	PIANO.
PHYSIQUE.	CHANT.
GÉOGRAPHIE.	MÉTHODE WILHEM, etc.

1212 Imp. Maulde et Renou, rue Bailleul, 9-11.

MÉTHODE MNÉMONIQUE POLONAISE

Application aux Langues

GRAMMAIRE FRANÇAISE

ADOPTÉE PAR LA SOCIÉTÉ LITTÉRAIRE POUR LA PROPAGATION
DE LA MÉTHODE MNÉMONIQUE POLONAISE

PERFECTIONNÉE A PARIS

PAR MESDAMES CLAIR

Deuxième édition, revue et corrigée.

PRIX : 3 FR.

A PARIS

CHEZ LES PRINCIPAUX LIBRAIRES,
ET CHEZ LES AUTEURS, RUE SAINT-HONORÉ, 343.

1847

1846

EXTRAIT

Du Rapport fait par M. GILLET-DAMITTE, à la Société littéraire, pour la propagation de la Méthode mnémonique polonaise, perfectionnée à Paris, au nom de la commission chargée d'examiner la Grammaire Française, appliquée à cette méthode, par Mmes CLAIR, professeurs à Paris.

MESSIEURS,

Au moment où chaque jour l'enseignement grammatical s'épure, s'élargit et s'enrichit de données nettes et positives, élaguant les subtilités et se retranchant dans les principes assurés de la grammaire générale, c'est un fait satisfaisant à noter que le travail consciencieux de Mmes Clair; votre commission est heureuse de les féliciter de leur entreprise, dans laquelle se fait remarquer une connaissance des éléments grammaticaux non moins étudiés par les auteurs que la méthode mnémonique polonaise.

Le livre de Mmes Clair se divise en trois parties :

1° La lexicologie, *qui traite des diverses espèces de mots, et les classe suivant les fonctions qu'ils remplissent dans le discours.*

2° La lexicographie, *ou orthographe, qui apprend comment on doit les écrire.*

3° La syntaxe, *qui a pour objet leur emploi, leur concor-*

dance, et qui règle la place qu'ils doivent occuper dans la proposition et la phrase.

Ce cadre est celui qui est aujourd'hui généralement admis, il n'y a donc ici rien de nouveau; ce qu'il y a de nouveau, et ce qui a paru d'un bon enseignement, c'est la méthode qui préside au développement de ces trois sections.

Etrangères aux débats scolastiques, Mmes Clair ont senti par ce tact habile qui les distingue, tout ce que l'enseignement par les faits a de naturel; aussi est-ce cet enseignement qu'elles ont très-judicieusement consacré dans leur travail. Chaque élément est fourni par une phrase sacramentelle qui précède toute application. De cette phrase, toujours heureusement choisie, se déduit la règle, comme on remonte du fait à la cause; de cette phrase surgit, quand il est besoin, la définition, comme d'ordinaire on opère sur une donnée. De la sorte, la grammaire dont votre commission, messieurs, a l'honneur de vous entretenir, pourrait se résumer dans une série de phrases choisies, empruntées à nos meilleurs auteurs, soit prosateurs, soit poètes, et fournissant à l'esprit tantôt une sentence morale, tantôt un trait fin et élégant et toujours une instruction utile.

Votre commission, messieurs, n'a pas jugé nécessaire de vous initier ici dans tous les détails du travail qui nous occupe; peut-être aurait-elle à engager avec les auteurs une discussion sur plusieurs points et à critiquer certaines définitions qui lui ont paru laisser quelque chose à désirer; mais ces défauts, si défaut il y a, sont rares et de peu d'importance. Quoi qu'il en soit, une grande clarté règne dans ce livre, que recommande une précision sans aridité et un enchaînement exempt de longueurs, souvent plus nuisibles que profitables à l'élève, et les auteurs vous offrent un travail gracieux et naïf, où l'élève, la jeune fille surtout, ne trouvera rien qu'elle ne puisse comprendre, par conséquent rien qu'elle ne puisse apprendre et retenir; car Mmes *Clair ont limité habilement leurs explications, se contentant de les énoncer clairement, de les préciser et de les ordonner avec une justesse de vue et une méthode habile et expérimentée.*

Ici, messieurs, s'est présentée à la commission une question d'une certaine gravité. La grammaire étant une science de raisonnement, une science qui emprunte le secours de la métaphysique, cette partie si délicate de la philosophie; est-il possible, s'est demandé la commission, d'appliquer une méthode mnémonique à un art de raisonnement? n'y a-t-il pas danger, s'est encore demandé la commission, de donner un aliment certain de critique aux esprits prévenus? de trahir les intérêts d'une méthode dont l'efficacité est reconnue?

Deux choses sont à considérer, messieurs, dans un enseignement : les faits et leur corrélation, les choses et leur enchaînement, leur déduction, leurs conséquences. Enseigner les faits, c'est poser les bases de l'édifice, établir la corrélation des parties, c'est engendrer l'harmonie des rapports, c'est créer la philosophie de cet enseignement; pas d'enseignement sans faits élémentaires, pas d'enseignement sans intelligence des rapports entre ces faits. De là vient que chaque science porte sa nomenclature et présente ses raisonnements, soit que cette nomenclature offre une série de définitions comme la géométrie, *au dire de l'immortel Buffon; soit que moins abstraite elle subsiste, par les faits, comme toutes les procréations du Grand Maître de l'univers. Cela posé, messieurs, votre commission a compris que si la grammaire bien entendue doit être enseignée par les faits, ces derniers constituent une série, une nomenclature, qui peut, qui doit s'apprendre comme la chronologie; que dès lors la méthode polonaise doit avoir autant de puissance pour enregistrer dans la mémoire des enfants les faits grammaticaux, que les actes chronologiques.*

D'après ces considérations, messieurs, votre commission a l'honneur de vous proposer :

1° *D'adopter la grammaire de Mmes Clair, de la classer parmi les publications que la société littéraire autorise, et de la considérer comme une bonne application à la méthode polonaise.*

2° *De voter des encouragements aux auteurs déjà si recommandables par leurs succès.*

Paris, le 31 janvier 1838.

Le Rapporteur,
Signé : GILLET-DAMITTE.

Vu par le Président de la Société. Signé : TAILLEFER.

Signé : AUGUSTE TAILLEFER,
Membre de la Commission.

INTRODUCTION

La supériorité de la méthode mnémonique polonaise, perfectionnée à Paris, sur tous les autres modes d'enseignement, n'est plus mise en question. Le public a souvent pu juger, par lui-même, que cette méthode abrége le temps des études en les rendant agréables, et permet d'arriver à un point de perfection qui doit fixer d'une manière durable, dans la mémoire fugitive de l'homme, toutes les choses qui ont été apprises par son secours.

Un des caractères particuliers de la méthode polonaise est de mettre un tel ordre dans toutes les connaissances acquises, qu'on s'aperçoit aisément lorsqu'un des faits manque à l'appel, et il est si facile de lui faire reprendre la place qu'il occupait dans la mémoire, qu'on peut véritablement dire que ce qu'on apprend ainsi est appris pour toujours.

A mesure que la méthode polonaise a pris de nouveaux développements, on a senti qu'on devait profiter de ses avantages pour l'appliquer à la chose la plus essentielle, à la grammaire; car, avant tout, il faut savoir sa langue. Nous avons donc dû céder au désir des personnes dont le zèle a contribué à ce que la méthode ne fût pas perdue pour la France, et nous charger de ce travail.

Pour cela, nous n'avons eu qu'à mettre dans un certain ordre les règles établies par nos meilleurs grammairiens.

Nous supposons que les personnes qui voudront se servir de cette grammaire connaissent le Carré polonais (1), base de toutes les applications de la méthode, cette connaissance, du reste, s'acquiert en moins d'une demi-heure.

Dans cette application, nous nous sommes entièrement conformées aux idées de M. Jawinski, inventeur de la méthode, sous la direction duquel nous avons travaillé pendant son séjour à Paris. Nous avons donc inscrit, dans les cases successives du carré, les phrases qui rappellent les règles et qui forment quatre tableaux, dont nous allons tâcher d'expliquer l'usage le plus clairement qu'il nous sera possible.

Les exemples qui se trouvent inscrits dans les cases des tableaux doivent être appris par cœur. Le professeur aura soin de fixer l'attention des élèves sur les parties de phrases ou sur les mots qui sont en *caractères italiques*, car ce sont eux qui servent à rappeler les règles que le professeur développera.

Il serait bon, toutes les fois que cela est possible, d'amener les élèves, dont il est très important d'exercer le jugement, à trouver eux-mêmes les règles ou les définitions qu'indiquent les exemples.

L'emploi des couleurs sert à faire connaître la classification ; ainsi la même couleur revient autant de fois qu'il est question de la classe qu'elle indique. Les cinq couleurs primitives, c'est-à-dire le rouge, le jaune, le vert, le bleu et le violet, sont employées dans cet ordre ; mais comme elles ne suffisaient pas, on les a répétées dans des teintes moins fortes.

Par exemple, le jaune foncé indique le substantif, et le jaune pâle la préposition ; ces couleurs reviennent, dans chaque partie de la grammaire, toutes les fois qu'il est question de ces espèces de mots ; ce qui fait voir à l'élève le nombre de règles, soit d'orthographe, soit de syntaxe, qui concernent le substantif et la préposition.

Dans l'étude des verbes, les couleurs ont aussi été employées pour distinguer les différents modes. La terminaison est séparée du radical, de manière que l'examen attentif du tableau représentant un verbe, doit mettre l'élève dans le cas de les conjuguer tous sur celui qui sert de modèle. Les couleurs lui font voir, d'un coup d'œil, combien il y a de modes ; le nombre de cases employées pour les modes lui fait connaître

(1) Voir notre exposé dans les tablettes chronologiques.

le nombre de temps de chacun d'eux avec la même facilité; car tout ce qui est rendu sensible est bien vite compris, et les yeux aident la mémoire d'une manière incontestable.

Pour les verbes irréguliers, nous avons fait une série de tableaux, représentant seulement les temps de ces verbes qui offrent quelques irrégularités, en sorte que l'élève pourra conjuguer les autres temps d'après les verbes modèles, et retiendra facilement les temps irréguliers de chaque verbe que son carré lui représentera toujours.

Qu'il nous soit permis, avant de terminer, d'offrir ici le tribut de notre reconnaissance à ceux de Messieurs les Membres de la Société pour la propagation de la méthode mnémonique polonaise, perfectionnée à Paris, qui ont bien voulu nous aider de leurs bons conseils; et dont les encouragements ont pu seuls nous décider à publier cet ouvrage.

GRAMMAIRE FRANÇAISE

CHAPITRE Ier.

NOTIONS PRÉLIMINAIRES.

Surtout qu'en vos écrits la langue révérée,
Dans vos plus grands excès vous soit toujours sacrée.

BOILEAU.

1 *Grammaire.* « Je suis la loi du discours, la règle infaillible « des langues ; qui m'ignore doit renoncer à rien savoir. »

BACON.

On exprime sa pensée par trois sortes de moyens, le geste, la parole, l'écriture.

La Grammaire est l'art par lequel on apprend à parler et à écrire correctement.

Il y a deux sortes de Grammaire : l'une *générale*, qui traite des principes communs à toute espèce de langue ; l'autre *particulière*, qui enseigne les règles d'une langue spéciale.

2 Toute grammaire établie sur les bases d'une saine logique, se divise en trois parties essentielles ;

1° La *lexicologie*, qui enseigne à distinguer les diverses espèces de mots, et à les classer suivant les fonctions qu'ils remplissent dans le discours.

2° La *lexicographie*, ou orthographe, qui apprend comment on doit les écrire.

3° La *syntaxe*, qui a pour objet leur emploi, leur construction, leur concordance, et qui règle la place qu'ils doivent occuper dans la *proposition* et la *phrase*.

3 L'expression la plus simple de la pensée, soit par la voix, soit par l'écriture, s'appelle *mot*.

Les mots sont donc des signes des idées ; une idée est dans l'esprit, la perception de l'image d'un objet.

Les mots sont composés de syllabes, et les syllabes de lettres; les lettres se divisent en voyelles et en consonnes.

Les voyelles sont principalement au nombre de six : *a, e, i, o, u, y*.

Les consonnes sont : *b, c, d*, etc. ; leur réunion forme ce qu'on appelle l'Alphabet.

4 D'où vous vient aujourd'hui cet air sombre et *sévère*.

BOILEAU.

Il y a en français trois sortes d'*e* : l'*é* fermé, l'*è* ouvert et l'*e* muet ; on les trouve tous les trois dans le mot *sévère*.

Le premier *é* de *sévère* est fermé, c'est pourquoi il est marqué d'un accent aigu ; la seconde syllabe *vè* a un accent grave, c'est le signe de l'*è* ouvert ; *re* n'a point d'accent, parce que l'*e* y est muet.

5 La volonté de *Dieu soit* faite en toute chose.

MOLIÈRE.

On appelle *diphthongue* la réunion intime de deux sons distincts prononcés en une seule émission de voix, comme dans les mots *lui, toi, loin, lieu*.

6 *Ami*.

Une syllabe est un son formé d'une voyelle seule, ou d'une voyelle jointe à d'autres lettres qui se prononcent par une seule émission de voix.

7 Un *bon ami* est un *véritable* trésor.

On appelle *monosyllabe* un mot d'une syllabe, comme *bon ; dissyllabe* celui de deux, comme *ami ;* et enfin *polysyllabe* tout mot formé de plusieurs syllabes, comme *véritable*.

CHAPITRE II.

PREMIÈRE PARTIE.

LA LEXICOLOGIE.

8 Les mots qui composent la langue se divisent en différentes classes que la *lexicologie* détermine, et qu'on appelle parties du discours.

Ces classes forment deux sections.
La première section comprend les *mots variables.*
La seconde les *mots invariables.*

PREMIÈRE SECTION. — *Mots variables.*

Le substantif;
L'article;
L'adjectif;
Le pronom;
Le verbe.

DEUXIÈME SECTION. — *Mots invariables.*

La préposition;
L'adverbe;
La conjonction;
L'interjection.

Du Substantif.

9 Le *livre* de *Charles.*

Le nom ou substantif est un mot qui sert à nommer une personne ou une chose.

De l'Article.

10 *La* clef *du* jardin.

L'article est un petit mot qui détermine les substantifs.

De l'Adjectif.

11 L'homme *sage* met sa confiance en Dieu.

On appelle *adjectif* tout mot qui est joint au substantif pour en modifier la signification par l'idée d'une qualité.

Du Pronom.

12 Evitez l'oisiveté, *elle* est la mère de tous les vices.

Le *pronom* est un mot qui rappelle le nom et en évite la répétition.

Du Verbe.

13 Joseph *lit.*

Il y a des mots qui expriment l'action ou l'état des

personnes et des choses, on les appelle *verbes*, mot qui signifie parole, parce qu'il est essentiel à l'énonciation de la pensée.

De la Préposition.

14 L'encrier est *sur* la table.

Sur est une préposition, parce que ce mot sert à exprimer le rapport qui existe entre *encrier* et *table*.

De l'Adverbe.

15 Les enfants parlent *beaucoup* et réfléchissent *peu*.

On appelle *adverbe* tout mot qui, comme dans cet exemple, se joint au verbe pour en modifier la signification; ainsi *beaucoup* modifie la signification du verbe *parler*. L'adverbe modifie également la signification de l'adjectif et de l'adverbe lui-même.

De la Conjonction.

16 L'esprit, la science *et* la vertu sont les véritables biens de l'homme.

La *conjonction* est un mot qui sert à lier, à joindre deux pensées.

De l'Interjection.

17 *Ah!* quel plaisir de vous revoir.

Tout mot qui exprime un sentiment subit de l'âme, comme la joie et la douleur, est une *interjection*.

CHAPITRE III.

Du Substantif.

18 Le *Volga* est le plus grand *fleuve* de *l'Europe*.

L'examen des substantifs les fait diviser en deux espèces, le substantif *commun* et le substantif *propre*.

Substantif commun.

Le substantif commun est celui qui convient à toute une classe d'êtres semblables, comme *homme*, *ville*, *fleuve*, etc.

Substantif propre.

Le substantif propre est celui qui sert à distinguer un être d'un autre, comme *César*, le *Volga*, l'*Europe*.

Substantif collectif.

19 Chaque *peuple* se compose d'une *multitude* de *familles*.

Parmi les substantifs communs on distingue les substantifs collectifs qui marquent la réunion de plusieurs êtres, comme *peuple*, *multitude*, *armée*, *famille*, *troupeau*, *bibliothèque*, *église* (assemblée des fidèles).

Du genre du substantif.

20 Dieu créa l'*homme* et la *femme* à son image.

On distingue deux genres, le *masculin* et le *féminin* ; le *masculin* appartient aux hommes, aux animaux mâles, et à divers objets inanimés : *homme*, *cheval*, *chapeau*.

Le *féminin* appartient aux femmes, aux animaux femelles et à divers objets inanimés, *femme*, *colombe*, *fleur*.

Du nombre des substantifs.

21 Le *loup* et les *agneaux*.

On peut parler d'un seul être ou de plusieurs ; pour distinguer ces deux circonstances, on a appliqué les idées de nombre. Il y en a deux, le *singulier* qui exprime l'unité, le *pluriel* qui exprime la pluralité.

Substantifs composés.

22 Dieu dit à Noé : L'*arc-en-ciel* sera le signe de l'alliance que je fais avec vous.

On appelle *substantifs composés* certains termes dans la composition desquels il entre plusieurs mots, dont la réunion forme un sens équivalent à un substantif, comme *Hôtel-Dieu*, qui équivaut à hôpital ; *petit-maître* à fat, *garde-manger* à buffet, *arc-en-ciel* à Iris, etc.

On voit que les *substantifs composés* donnent non-seulement l'idée ou l'image d'un être, mais font connaître une circonstance, comme l'usage auquel ils servent ou la place qu'ils occupent, etc. Ainsi *arc-en-ciel* offre l'idée d'un arc placé dans le ciel.

Substantifs indéterminés.

23 *On* ne surmonte le vice qu'en le fuyant.

On appelle *substantifs indéterminés* certains mots qui ont pour fonction de désigner les personnes et les choses sans les particulariser, tels que : *on*, syncope du mot homme, car on croit que nos ancêtres ont dit d'abord : *homme* a fait cela, ensuite *hom*, et enfin *on* a fait cela, et *chacun*, *personne*, *autrui*, *quiconque*, *rien*, etc.

Substantifs accidentels.

24 *Mentir* est honteux.

On appelle *substantifs accidentels* des expressions qui remplissent accidentellement la fonction du substantif, comme dans la phrase ci-dessus et dans d'autres analogues : Elle poussa des *hélas!* vos *pourquoi* m'embarrassent, etc.

Substantifs physiques.

25 Cet *arbre* est chargé de *pommes*.

Les substantifs *arbre*, *pommes*, sont physiques, parce que nous les connaissons au moyen de nos sens, qui sont : 1° la vue, 2° l'ouie, 3° le toucher, 4° l'odorat, 5° le goût.

Substantifs métaphysiques.

26 La *puissance* de *Dieu* est infinie.

D'autres sont métaphysiques, parce que nous ne pouvons les apprécier qu'au moyen de nos facultés intellectuelles qui sont : 1° l'attention, 2° la comparaison, 3° le jugement, 4° la mémoire, 5° l'imagination.

CHAPITRE IV.

De l'Article.

27 *Le* roi, *la* reine, *les* princes.

L'*article* est un petit mot qu'on place devant les substantifs communs pour les déterminer à indiquer des individus ; il rentre dans les adjectifs déterminatifs.

On divise l'article en *article simple* et en *article composé*.

L'article simple est *le*, *la*, *les*.

Nous nous servons de *le* avant les noms masculins au singulier : *le* roi, de *la* avant les noms féminins au singulier : *la* reine, et de *les* avant les noms pluriels des deux genres : *les* Rois, *les* Reines.

28 La femme doit prendre soin *du* ménage.

HAUMONT.

Les articles composés sont *au*, *aux*, *du*, *des*.

Ils s'appellent ainsi parce qu'ils sont formés de l'article simple *le*, *les*, et des prépositions *à*, *de*; *au* est mis pour *à le*; *aux* pour *à les*, *du* pour *de le* ; et *des* pour *de les*.

La, comme on le voit, ne se contracte jamais, parce que l'on n'emploie l'article composé que pour éviter le son obscur de l'*e* muet qui est désagréable dans *de le*, *à le* etc.

De l'Élision.

29 Ni l'or ni la grandeur ne nous rendent heureux.

LAFONTAINE.

On supprime la voyelle de l'article et on la remplace par un petit signe (') appelé apostrophe, toutes les fois qu'il précède un mot commençant par une voyelle, comme dans *l*'or.

Cette suppression s'appelle *élision* ; elle a lieu aussi devant les mots commerçants par un *h* muet : *l*'honneur

L'*élision* est employée pour éviter l'hiatus, c'est-à-dire la rencontre de deux voyelles.

Cependant l'*élision* n'a pas lieu devant le mot *onze*, on dit : c'est aujourd'hui *le onze* de juillet, tu es *le onzième*.

CHAPITRE V.

De l'Adjectif.

30 *Un* homme *vertueux*.

Le mot *adjectif* signifie ajouté. En effet l'adjectif est un mot qu'on ajoute au substantif pour en modifier la signification, soit en y ajoutant l'idée d'une qualité, d'une certaine manière d'être, soit en le déterminant.

De là deux sortes d'adjectif, l'*adjectif qualificatif*, qui exprime la qualité du substantif, sa manière d'être comme *vertueux*, *sage*, *grand*, *vert*, etc., et l'*adjectif déterminatif* qui précède toujours le substantif, le détermine, en désigne une circonstance particulière, comme *le*, *la*, *les*, *du*, *des*, *ce*, *cette*, *mon*, *ma*, *ton*, *quelque*, *tout*, *un*, *deux*, etc.

Degrés de signification dans les adjectifs.

31 Un enfant *sage* et *laborieux* est aimé de tout le monde.

Les adjectifs sont susceptibles d'exprimer plusieurs degrés dans les qualités ou dans les circonstances qu'ils présentent; ce qui établit différents degrés de qualification.

On en distingue trois : le positif, le comparatif et le superlatif.

Le positif est l'adjectif dans sa simple signification.

32 Le bien est *plus ancien*, dans le monde, que le mal.

D'AGUESSEAU.

Le comparatif est l'adjectif avec comparaison.

Il y a trois sortes de comparatifs.

Plus ancien, comparatif de supériorité.

Moins ancien, comparatif d'infériorité.

Aussi ancien, comparatif d'égalité.

On voit que ces comparatifs se forment en faisant précéder l'adjectif des mots *plus*, *moins*, *aussi*; ces mots sont des adverbes auxquels on pourrait donner le nom d'adverbes de gradation.

33 **Le travail est une *meilleure* ressource contre l'ennui que les plaisirs.**

TRUBLET.

Nous n'avons que trois adjectifs qui expriment par eux-mêmes une comparaison ; ce sont : *meilleur*, *pire moindre*.

Meilleur est le comparatif de *bon*, il s'emploie pour *plus bon* qui ne se dit pas.

Moindre pour plus petit.

Pire pour plus mauvais.

34 Le Rhône et la Garonne sont *très* rapides.

On distingue deux sortes de superlatif, le superlatif *absolu* et le superlatif *relatif*.

Le superlatif *absolu* exprime la qualité portée à un très haut degré, soit ascendant, soit descendant, et se forme en faisant précéder l'adjectif des mots : *très*, *fort*, *extrêmement*, *infiniment*, etc.

Le style de Fénelon est *très* riche, *fort* coulant, et *infiniment* doux.

35 La probité est *la plus* estimable des vertus sociales.

Le superlatif *relatif* exprime la qualité portée au plus haut degré, avec comparaison.

On voit qu'il se forme de l'adjectif précédé de *le plus*, *le moins*, *le meilleur*, *le pire*, etc.

Il ne faut pas le confondre avec le comparatif, qui n'est jamais accompagné de l'article et exprime seulement une comparaison.

L'homme *le plus riche* de la ville.

36 Ces fruits sont *exquis*.

Parmi les adjectifs, il en est qu'on appelle adjectifs absolus, parce qu'ils portent toujours l'idée du superlatif, et ne sont pas susceptibles de comparaison; ils ne doivent donc pas être précédés de *plus*, de *très*, ni de *le plus*, tels que *divin*, *éternel*, *excellent*, *extrême*, *mortel*, *inoui*, *exquis*, etc.

Cependant de grands écrivains ne font aucune difficulté de mettre ces adjectifs en comparaison, parce qu'ils considèrent qu'il y a une *excellence*, une *perfection*, une *universalité* relative.

Le bon sens est la faculté la plus excellente de l'homme.

LA ROCHE.

Mais *éternel*, *immortel*, *suprême*, *immense*, *premier*, n'admettent point le degré de comparaison.

Des Adjectifs déterminatifs.

1° De l'Adjectif possessif.

37 Ah! *mon habit* que je vous remercie,
Que je valus hier, grâce à *votre* valeur.

SÉDAINE

On appelle adjectif possessif celui qui exprime la propriété; le mot *mon* joint à *habit* montre que l'habit m'appartient.

Ces adjectifs sont en rapport avec deux êtres, le possesseur dont ils expriment le nombre et la personne, et l'objet possédé dont ils font connaître le nombre et le genre.

Ce sont: *mon, ma, mes; ton, ta, tes; son, sa, ses; notre, nos; votre, vos; leur, leurs*, etc.

2° De l'Adjectif numérique.

38 A la bataille de Bouvines, l'armée de Philippe-Auguste était de *cinquante mille* hommes.

L'adjectif numérique marque le nombre précis des êtres, comme : *un*, *deux*, *trois*, *quatre*, *etc.*

3° Des Adjectifs ordinaux.

39 Mahomet vivait dans le *septième* siècle de l'ère chrétienne.

Les adjectifs *numériques*, lorsqu'ils sont suivis de

la syllabe *ième*, deviennent adjectifs *ordinaux;* c'est-à-dire qui marquent l'ordre et le rang que les êtres occupent les uns relativement aux autres : *deux*, *deuxième*, *trois*, *troisième*, etc.

Racine des mots.

Dans ces adjectifs, les syllabes *deux*, *trois*, etc., sont appelées syllabes *radicales*, ou simplement *racines* des mots dont ils font partie.

La *racine* des mots forment donc généralement la première ou les premières syllabes des mots. *Centième* a pour *racine*, *cent*, etc.

Premier et *second* sont les seuls *adjectifs ordinaux* qui n'aient pas pour racine des *adjectifs numériques.*

4° *De l'Adjectif démonstratif.*

40 *Ce* lieu solitaire, *ces* ruines, *cette* soirée paisible, imprimèrent à mon esprit un sentiment religieux.

VOLNEY.

On appelle adjectifs *démonstratifs* les mots qui, ainsi que dans cette phrase, ont la propriété d'appeler l'attention sur les êtres, de les désigner, de les distinguer.

L'adjectif *démonstratif* est : *ce*, *cette*, *ces*.

De l'Euphonie.

41 A *cet* air vénérable, à *cet* auguste aspect,
Les meurtriers surpris, sont saisis de respect.

VOLTAIRE.

C'est par *euphonie* qu'on emploie *cet* pour *ce* devant une voyelle ou un *h muet : cet homme.*

L'*euphonie* enseigne à mettre de l'harmonie, de la douceur dans le discours. C'est encore par *euphonie* qu'on dit : *mon âme*, *mon habitude*, d'où l'on voit que *mon* s'emploie pour *ma* devant une *voyelle* ou un *h muet.*

Des Adjectifs indéfinis.

42 *Chaque* âge a ses devoirs.

Les adjectifs *indéfinis* sont ceux qui s'ajoutent au

substantif sans en faire connaître une circonstance particulière comme les autres adjectifs déterminatifs. Tels sont : *chaque*, *tel*, *quelque*, *plusieurs*, *certain*, *tout*, *aucun*, *nul*, *maint*, *même*, etc.

CHAPITRE VI.

Le pronom.

43 Les hommes veulent tout avoir, et *ils se* rendent malheureux par le désir du superflu.

FÉNELON.

Le pronom est une espèce de mot qui exprime des êtres remplissant des rôles différens dans l'acte de la parole ; on les emploie pour rappeler le *nom* ou *sujet* et pour en éviter la répétition.

Ces différents rôles ou personnages se nomment *personne*.

Le pronom se divise en quatre classes.

1° le pronom personnel ;
2° le pronom possessif;
3° le pronom démonstratif ;
4° le pronom conjonctif ;

Pronom personnel.

44 *Je vous le* dis encore : *vous* n'aurez l'estime des hommes que par une solide vertu.

Mme DE MAINTENON.

Les *pronoms personnels* sont ceux qui désignent spécialement les *rôles* ou *personnes*.

Il y a dans l'acte de la parole trois personnes ou rôles.

La première est celle qui parle : *je*.
La seconde est celle à qui l'on parle : *tu*.
La troisième est celle de qui l'on parle : *il*.

Ces trois personnes peuvent être au pluriel.

Première personne : *nous*.
Seconde personne : *vous*.
Troisième personne : *ils*.

45 Le méchant a beau fuir la peine de son crime, *il la* porte avec *lui*.

Les pronoms, outre leur fonction de remplacer le substantif et d'exprimer les personnes, ont encore pour attribution d'indiquer soit le sujet, soit le régime ou complément.

Ainsi dans cet exemple le pronom *il* est sujet, et les pronoms *la* et *lui* sont compléments.

PRONOMS SUJETS.	PRONOMS COMPLÉMENTS.
SINGULIER.	SINGULIER.
Je, moi;	Moi, me;
Tu, toi;	Toi, te;
Il, elle, lui, soi.	Lui, se, le, la, en, y, soi.
PLURIEL.	PLURIEL.
Nous;	Nous;
Vous;	Vous;
Ils, elles, eux.	Leur, eux, se, les, en, y.

Pronom possessif.

46 Ne jetons pas la pierre aux autres;
Car s'ils ont leurs défauts, n'avons-nous pas *les nôtres*.
ARNAULT.

Ce pronom exprime la propriété, voilà pourquoi on l'appelle possessif.

Ces pronoms sont : *le mien*, *le tien*, *le sien*, *le nôtre*, *le vôtre*, *le leur*, *la mienne*, *les miennes*, etc.

Pronom démonstratif.

47 *Celui* qui met un frein à la fureur des flots,
Sait aussi des méchants arrêter les complots.
RACINE.

Les pronoms démonstratifs servent à appeler l'attention sur les êtres qu'ils remplacent.

Ces pronoms sont : *ce*, *celui*, *cela*, *celle*, *ceux*, *celles*.

Celui, *celle* se forment de *ce* et de *lui* etc.; en ajoutant les particules *ci* et *là*, on a les nouvelles formes : *celui-ci*, *celle-ci*, *ceux-là*, etc.

Pronom conjonctif.

48 Le bien *que* l'on a fait la veille,
Fait le bonheur du lendemain.

Le Bailly.

On appelle ces pronoms *conjonctifs*, parce qu'ils ont la propriété de faire l'office de conjonction en unissant deux membres de phrase; ainsi, *que* réunit en une seule phrase ces deux membres : *Le bien que l'on a fait la veille, fait le bonheur du lendemain.*

Ces pronoms sont : *qui, que, dont, où, quoi, lequel, duquel*, etc.

CHAPITRE VII.

Le Verbe.

49 La vertu *est* aimable,
Un père n'*est* jamais inflexible.

Le verbe est un mot qui indique le rapport d'un attribut à un sujet. Il fait connaître l'existence ou la non existence avec telle qualité, tel attribut.

Le verbe *être* est donc le seul verbe élémentaire. Il se nomme substantif, parce qu'il désigne par luimême l'existence, et qu'il fait toujours partie implicitement des mots appelés *verbes attributifs* dans lesquels se trouvent renfermés le verbe *être* et l'*attribut*.

J'*écris* pour je *suis écrivant*.

Avant d'étudier le verbe, il est nécessaire de connaître les éléments de ce qu'on appelle la *proposition*.

De la Proposition.

50 La neige est blanche.

La proposition est une réunion de mots exprimant une pensée, un jugement, comme dans cet exemple.

Du Sujet.

51 *Dieu* est tout puissant.

Les principaux éléments de la proposition sont : le *sujet*, le *verbe*, l'*attribut*.

Le sujet est l'idée première, ou primordiale, à laquelle on joint, à l'aide du verbe, une idée secondaire qui est l'attribut.

52 Dieu est *bon*.

L'attribut est la qualité qu'on juge convenir au sujet, il en exprime la manière d'être; ainsi, dans l'exemple ci-dessus, *bon* est l'attribut, parce qu'il exprime la manière d'être du sujet *Dieu*.

Complément direct ou immédiat.

53 Le ciel protége *la vertu*.

On appelle complément les mots qui dépendent du verbe et qui en complètent le sens.

Le complément direct ou immédiat est celui qui complète directement le sens d'un verbe, c'est-à-dire sans le secours d'aucun autre mot intermédiaire. Il répond à la question *qui?* pour les personnes, et *quoi?* pour les choses.

Le ciel est protégeant, quoi? *la vertu*.

Complément indirect ou médiat.

54 Il ne faut pas médire *de son prochain*.

Le complément indirect ou médiat est le mot dont le rapport avec le verbe de la proposition est toujours marqué par une préposition exprimée ou sous-entendue.

Il répond à l'une des questions *à qui? de qui? pour qui? avec qui?* pour les personnes, et *à quoi? de quoi? pour quoi?* etc., pour les choses. Il ne faut pas médire *de qui? de son prochain*.

Du nombre et des personnes.

55 Je *chante*, nous *chantons*.

C'est par diverses terminaisons ou inflexions que le verbe exprime les deux nombres et les trois personnes.

Le singulier quand une seule personne fait l'action du verbe : *je chante*.

Le pluriel quand deux ou plusieurs personnes concourent à cette action : *nous chantons*.

Un verbe est à la *première personne*, quand c'est l'individu qui parle qui fait l'action, comme : *je chante ;* il est à la seconde, quand c'est la personne à qui l'on parle, qui fait l'action, comme : *tu chantes,* etc.

Temps des verbes.

56 Hâtons-nous, le *temps* fuit et nous laisse après soi,
Le moment où je parle est déjà loin de moi.

BOILEAU.

Le verbe exprime par diverses inflexions les différentes époques de la durée.

Nous pouvons nous figurer le temps, en général, sous l'image d'un chemin en ligne droite, dont nous avons parcouru une partie ; sur cette ligne, nous pouvons nous représenter le passé, le présent, le futur ou avenir.

PASSÉ. PRÉSENT. FUTUR.

Le passé est la partie de la durée que nous connaissons le mieux ; voilà pourquoi nos verbes présentent un assez grand nombre de temps passés.

Le présent n'est que l'instant actuel.

Enfin le futur peut avoir une durée plus ou moins considérable.

57 Je *lisais* quand vous *entrâtes.*

Il peut exister entre plusieurs actions qui ont rapport au même point de la durée, diverses nuances ; ainsi, par exemple, une action passée peut être simultanée, à l'égard d'une autre action également passée, comme : *je lisais* quand vous *entrâtes.* Pour exprimer ces différents rapports, on a imaginé cinq sortes de passés.

1° L'imparfait, je *chantais ;*
2° Le prétérit défini, je *chantai ;*
3° Le prétérit indéfini, j'*ai chanté ;*
4° Le prétérit antérieur, j'*eus chanté ;*

5° Le plusque parfait, j'*avais chanté*;

58 J'aurai *lu* quand vous *viendrez*.

Il peut aussi arriver qu'entre deux actions qui appartiennent à un temps à venir, il y en ait une qui soit antérieure à l'autre, comme dans l'exemple ci-dessus; de là, deux sortes de futurs.

1° Le futur simple, je *chanterai*;

2° Le futur antérieur, j'*aurai chanté*.

59 Charles *chante*.

Le *présent* est le moment où l'on parle; c'est un point indivisible, car tout ce qui le précède ou le suit appartient au passé ou au futur. Ainsi les verbes n'ont qu'une forme dans chaque mode pour exprimer l'idée du temps présent : *je chante*.

Des temps simples et des temps composés.

60 Comment l'*aurais*-je *fait* si je n'*étais* pas *né*.

LA FONTAINE.

Les temps se divisent en temps simples et en temps composés; les temps simples sont ceux qui sont exprimés en un seul mot, comme : *il chante*.

Les temps composés sont ceux qui sont formés des verbes *avoir* et *être*, et du participe passé, comme : il *a entendu*, je *suis sorti*.

Parmi les temps *simples*, il y en a cinq qu'on appelle temps *primitifs*, parce qu'ils servent à former les autres temps, et qu'ils ne sont formés eux-mêmes d'aucun autre; ce sont : le *présent* de l'*infinitif*, le *participe présent*, le *participe passé*, le *présent* de l'*indicatif* et le *prétérit défini*.

Les temps formés des temps *primitifs* se nomment temps *dérivés*.

Les verbes *avoir* et *être* sont appelés *verbes auxiliaires* quand ils servent à former les temps composés des autres verbes, comme *j'aurais fait*, *j'étais né*.

Des Modes.

61 *Apprends à obéir* pour *commander* aux autres.

Dans cette phrase il y a deux verbes qui présentent l'affirmation de deux manières ; *apprends* l'exprime sous la forme du commandement ou de l'exhortation ; *commander* l'exprime d'une manière indéfinie sans acception des nombres, des personnes et des temps.

On a donné le nom de *modes* aux diverses inflexions du verbe, qui servent à exprimer les différentes manières d'affirmer ; il y en a cinq.

62 Le travail *entretient* la santé.

1° Le mode indicatif qui exprime simplement l'affirmation.

63 Je *lirais* si j'avais des livres.

2° Le mode conditionnel qui exprime l'affirmation avec dépendance d'une condition.

Va, fuis, sors de ma tente ou je vais en sortir.
DUCIS.

3° Le mode impératif qui exprime l'affirmation sous la forme du commandement, de l'invitation ou de l'exhortation.

65 Il faudrait que je *partisse* demain.

4° Le mode subjonctif qui exprime l'affirmation d'une manière subordonnée et comme dépendante d'un autre verbe, auquel le verbe au subjonctif est toujours lié par le moyen d'une conjonction.

66 Pour *devenir* savant il faut *étudier*.

5° Le mode infinitif marque l'affirmation d'une manière vague et générale, dès lors sans aucun rapport exprimé de nombre ni de personne.

Des Conjugaisons.

67 *Conjuguer* un verbe, c'est joindre au radical toutes les inflexions ou terminaisons que subissent les diverses formes de ce verbe, pour en exprimer les personnes, le nombre, les temps et les modes.

On compte quatre conjugaisons, que l'on distingue par la terminaison de l'infinitif.

La 1re a l'infinitif terminé en *er*, *aimer*.

La 2e à l'infinitif terminé en *ir*, *finir*.
La 3e à l'infinitif terminé en *oir*, *recevoir*.
La 4e a l'infinitif terminé en *re*, *rendre*.

68 *Sois* bonne et tu seras heureuse.

Les temps primitifs forment ainsi les temps dérivés.

1° Du présent de l'indicatif se forme la seconde personne du singulier de l'impératif, en ôtant seulement le pronom *je*; *j'aime*, impératif *aime*.

2° De la première et de la seconde personne du pluriel de l'indicatif se forment la première et la seconde personne du pluriel de l'impératif, en retranchant les pronoms *nous*, *vous*; nous *aimons*, vous *aimez*; impératif, *aimons*, *aimez*.

Il n'y a que quatre verbes dont l'impératif ne se forme pas ainsi; ce sont les verbes *être*, *avoir*, *aller* et *savoir*.

Je *suis*; impératif, *sois*. Je *vais*; impératif, *va*.
J'*ai*, » *aie*. Je *sais*, » *sache*.

69 Je te *parlai* l'autre jour de l'inconstance prodigieuse des Français sur leurs modes.

MONTESQUIEU.

Du prétérit de l'*indicatif* se forme l'imparfait du *subjonctif*, en changeant *ai* en *asse*, pour la première conjugaison, comme *j'aimai*, que *j'aimasse*, et en ajoutant seulement *se* aux autres terminaisons du prétérit défini, comme je *finis*, que je *finisse*; je *reçus*, que je *reçusse*; je *rendis*, que je *rendisse*.

70 La religion nous apprend à *aimer* tous les hommes comme nous-mêmes.

Du présent de l'infinitif se forme le *futur de l'indicatif* et le présent du *conditionnel* :

1° En ajoutant *ai* et *ais* à la consonne finale *r* dans les deux premières conjugaisons; *aimer*, j'*aimerai*, j'*aimerais*; *finir*, je *finirai*, je *finirais*.

2° Dans les verbes de la troisième conjugaison on change *oir* en *rai* et *rais*; *recevoir*, je *recevrai*, je *recevrais*.

71 L'avarice perd tout en *voulant* tout gagner.

La Fontaine.

Du participe présent se forme :

1° Les trois personnes du pluriel du *présent* de l'*indicatif* en changeant *ant* en *ons*, *ez*, *ent*, comme *aimant*, nous *aimons*, vous *aimez*, ils *aiment*. Excepté la troisième personne des verbes de la troisième conjugaison qui se termine en *oivent*, ils *reçoivent*.

2° L'*imparfait* de l'*indicatif*, en changeant *ant* en *ais*, comme *aimant*, j'*aimais*, *finissant*, je *finissais*.

3° Le *présent* du *subjonctif*, en changeant *ant*, selon la personne et le nombre, en *e*, *es*, *ions*, *iez*, *ent*, comme *aimant*, que j'*aime*, que tu *aimes*, etc.

Excepté les verbes de la *troisième* conjugaison, qui changent *evant* en *oive*, *recevant*, que je *reçoive*, que tu reçoives, etc.

(Pour les verbes irréguliers, on peut consulter les tableaux de ces verbes)

72 Si la vertu et la vérité *étaient bannies* de la terre, elles devraient toujours se trouver dans la bouche des rois.

Du participe passé se forment tous les *temps composés*, en joignant à ce participe les différents temps des auxiliaires *avoir* ou *être*, comme j'*ai aimé*, je *suis tombé*.

Des verbes transitifs et intransitifs.

73 Marie *regarde* son fils qui *dort*.

Regarde est ici un verbe *transitif*, parce qu'il transporte l'action du sujet sur le complément, c'est-à-dire qu'il se rapporte à un objet différent du sujet.

Marie *regarde* qui ? son fils.

Dort, au contraire, est *intransitif*, parce qu'il n'a point de complément immédiat.

On divise donc les verbes en verbes transitifs et intransitifs.

74 Marie *se regarde*.

Le verbe est transitif réfléchi, lorsque l'action faite par le sujet se reporte sur lui-même, c'est-à-dire lorsque le sujet et le complément sont un même être.

Ici le verbe *regarde* est réfléchi, parce qu'il exprime une action faite par le sujet *Marie*, qui se rapporte à lui-même; *il* et *se* sont le même être.

75 Elle *se plaît*.

Les verbes réfléchis sont aussi intransitifs; ce qui arrive lorsque l'action faite par le sujet retombe sur lui indirectement.

Elle se plaît, c'est-à-dire elle plaît à elle-même.

Verbes unipersonnels.

76 Il *faut* rendre meilleur le pauvre qu'on soulage.

SAINT-LAMBERT.

On appelle *verbes unipersonnels* certains verbes défectueux qu'on n'emploie dans tous les temps qu'à la troisième personne du singulier.

Il faut, il importe, il y a.

Dans les verbes unipersonnels, le pronom *il* est une espèce de mot qui équivaut à *ceci*, et qui annonce simplement le sujet du verbe.

Il est nécessaire que je sorte.

Ceci que je sorte est nécessaire.

Verbes réguliers, irréguliers et défectueux.

77 Si vous *mentez*, Dieu vous *punira*.

Il y a des verbes réguliers, irréguliers et défectueux.

Un verbe est régulier lorsque son radical ne change pas et qu'il est conforme au type de sa conjugaison; il est irrégulier dans le cas contraire, et il est défectueux, lorsqu'il n'a qu'une partie des temps et des modes des conjugaisons ordinaires.

CHAPITRE VIII.

MOTS INVARIABLES.

La Préposition.

78 L'ennui est entré *dans* le monde *par* la paresse.

LA BRUYÈRE.

La préposition est un mot invariable qui sert à exprimer les rapports que les mots ont entre eux.

Préposition vient d'un mot latin qui veut dire : *placé devant*, parce qu'en effet la préposition précède toujours le second terme du rapport qui est appelé son complément. Ainsi, *dans* marque le rapport qui existe entre l'*ennui* et *le monde*, et *par* entre l'*ennui* et *la paresse*. Les mots *monde* et *paresse* sont les compléments des prépositions *dans* et *par*.

Les rapports que les êtres peuvent avoir les uns avec les autres sont fort nombreux.

Par exemple : Un oiseau peut être *sur* sa cage, *dans* sa cage, *près de* sa cage, *loin de* sa cage, etc.

Les mots *sur*, *dans*, *près de*, *loin de*, sont des prépositions qui expriment les rapports de supériorité, d'intériorité, de proximité, d'éloignement, etc.

79 Au sein de ses amis, *auprès de* ses parents,
Les plaisirs sont plus doux et les malheurs moins grands.
DELILLE.

Parmi les prépositions il en est de simples et de composées. Les prépositions simples sont celles qui s'expriment en un seul mot, comme : *à*, *de*, *en*, *pour*, *sans*, *avec*, etc.

Les prépositions composées sont celles qui s'expriment en plusieurs mots, comme : *vis-à-vis de*, *à côté de*, *auprès de*, etc.

CHAPITRE IX.

L'Adverbe.

80 Ceux qui ont *beaucoup* sont obligés de donner *beaucoup*.
LA BRUYÈRE.

L'adverbe est ajouté au verbe pour en modifier la signification ; son nom indique sa fonction la plus ordinaire, qui est de modifier le verbe ; car *adverbe* signifie mot joint au verbe.

L'adverbe peut aussi modifier l'adjectif comme : Cet homme est *extrêmement laborieux*; il peut encore modifier un autre adverbe comme : Il écrit *fort élégamment*.

Les adverbes se divisent en plusieurs classes.

Adverbes de manière.

81 Ce que l'on conçoit *bien* s'énonce *clairement*.

Les adverbes de manière expriment de quelle manière les choses se font.

La plupart des adjectifs forment des adverbes de manière en ajoutant *ment* à leur terminaison ; ainsi : *sage, sagement, convenable, convenablement, propre, proprement*, etc.

Presque tous les adverbes de manière et quelques adverbes des autres classes sont susceptibles d'exprimer les trois degrés de signification ; *honnêtement, plus honnêtement, très honnêtement, aussi souvent, très souvent*, etc.

Adverbes d'ordre et de rang.

82 Il faut *d'abord* faire son devoir.

Les adverbes d'ordre et de rang sont ceux qui expriment la manière dont les choses sont arrangées les unes à l'égard des autres ; ce sont : *premièrement*, *secondement*, etc., qui se forment en ajoutant *ment* au singulier féminin des adjectifs ordinaux, ces adverbes regardent l'ordre numéral, d'autres regardent le simple arrangement respectif, tels que : *d'abord, après, ensuite, auparavant*, etc.

Adverbes de lieu.

83 Venez *ici*, allez *là*.

Les adverbes de lieu sont ceux qui servent à exprimer la situation des lieux par rapport à la personne qui parle, ou aux choses dont on parle ; tels sont les mots : *ici, là, en haut, en bas, partout, ailleurs*, etc.

Adverbes de temps.

84 Tel repousse *aujourd'hui* la misère importune,
Qui tombera *demain* dans la même infortune.

La Harpe.

Les adverbes de temps sont ceux qui expriment

quelques rapports du temps avec l'affirmation exprimée par le verbe.

Ils sont de deux sortes : les uns désignent le temps d'une manière déterminée ; ce sont pour le présent : *aujourd'hui, présentement, maintenant*; etc. pour le passé : *hier, jadis*, etc., pour le futur : *demain, bientôt*, etc.

Les autres ne désignent le temps que d'une manière indéterminée ; ce sont : *souvent, d'abord, à l'improviste, sans cesse*, etc.

Adverbes de quantité et de comparaison.

85 La vanité nous rend *aussi* dupes que sots.

FLORIAN.

Les adverbes de quantité sont ceux qui modifient par une idée de quantité soit physique, soit morale, tels que : *assez, trop, peu, beaucoup, bien*, etc.

Quelquefois ils expriment une idée de comparaison, comme : *plus, moins, aussi, davantage, mieux, pis, tout au plus*, etc.

Adverbes d'interrogation, d'affirmation, de négation et de doute.

86 Voulez-vous savoir *comment* il faut donner, mettez-vous à la place de celui qui reçoit.

Mme DE PUISIEUX.

Il y a des adverbes d'interrogation, comme : *combien, où, d'où, par où, comment, quand, pourquoi*, etc.

Il y en a qui expriment l'affirmation, comme : *oui, certes, sans doute, vraiment, soit, volontiers, d'accord*, etc.

D'autres expriment la négation, comme : *non, ne, ne pas, ne point, nullement, point du tout*, etc.

Il n'y a qu'un seul adverbe de doute, c'est *peut-être*.

CHAPITRE X.

La Conjonction.

87 Rien n'est plus amusant que l'histoire, *outre que* rien n'est plus instructif.

Les conjonctions sont des mots invariables qui servent à lier les propositions entre elles, en indiquant les rapports qu'elles peuvent avoir.

On compte autant de sortes de conjonctions qu'il y a de différence dans les points de vue sous lesquels notre esprit observe un rapport entre une pensée et une autre pensée.

CHAPITRE XI.

L'Interjection.

88 *Ah !* S'il est un heureux, c'est sans doute un enfant.

VILLEFRÉ.

L'interjection sert à peindre d'un seul trait les affections subites de l'âme ; ce n'est pour ainsi dire qu'un seul cri ; mais ce cri tient la place d'une proposition entière.

Cette classe de mots renferme autant de genres que l'on distingue de sentiments dans le cœur de l'homme.

Les principales interjections sont :

Ah ! bon ! pour marquer	la joie.
Ah ! hélas !	la douleur.
Ah ! oh !	l'admiration.
Fi !	le mépris.
Holà ! hem ! oh !	pour avertir.
Chut ! st !	pour le silence.

DEUXIÈME PARTIE.

La Lexicographie ou Orthographe.

89 Il n'y a point de mérite à savoir l'*orthographe*, mais il y a beaucoup de honte à l'ignorer.

La lexicographie ou orthographe est la manière d'écrire les mots d'une langue conformément au bon usage.

CHAPITRE Ier.

Du Substantif.

90 Le *maître* et les *élèves*.

Règle générale.

Pour former le pluriel des substantifs masculins ou féminins, on ajoute un *s* à leur terminaison.

91 1re EXCEPTION. Le *remords* suit le crime.

Les substantifs terminés au singulier par *s*, par *x*, ou par *z*, ne changent pas au pluriel.

92 2e EXCEPTION. Il a tué deux *perdreaux*.

Les mots terminés par *eau* ou par *au* prennent un *x* au pluriel.

Le *lapereau*, les *lapereaux* ; un *étau*, des *étaux*.

Observez que nous n'avons que treize mots terminés par *au*, ce sont : *aloyau*, *bacaliau* (morue sèche), *boyau*, *cornuau* (poisson), *étau*, *gluau*, *gruau*, *hoyau* (instrument de vigneron), *huyau* (coucou), *joyau*, *noyau*, *sarrau*, *tuyau*.

93 3e EXCEPTION. La vie de l'homme ne tient qu'à un *cheveu*.
BOISTE.

Les noms terminés en *eu* prennent un *x* au pluriel.

Néanmoins on excepte le mot *bleu*, qu'on écrit avec un *s* : du *bleu*, des *bleus*.

(1) Voir les Exercices.

Les substantifs suivants : *caillou*, *chou*, *genou*, *hibou*, *pou*, forment aussi leur pluriel en ajoutant un *x* ; les autres substantifs terminés en *ou*, suivent la règle générale.

94 4e EXCEPTION. L'ambition produit un déluge de *maux*.

Les substantifs terminés au singulier par *al*, changent au pluriel *al* en *aux* ; un *cheval*, des *chevaux* ; un *canal*, des *canaux* ; un *mal*, des *maux*, etc. ; excepté : *bal*, *carnaval*, *pal*, *régal*, *chacal*, *normal*, qui suivent la règle générale.

95 Le travail est la vie de l'homme.

VOLTAIRE.

Quelques substantifs terminés en *ail* changent cette finale en *aux* ; tels sont *soupirail*, *bail*, *corail*, *émail*, *travail*, *vitrail*, *ventrail*, qui font *soupiraux*, *baux*, etc. ; *ail*, qui fait *aulx* ; tous les autres substantifs terminés en *ail* suivent la règle générale, tels que : *éventail*, *poitrail*, *sérail*, *portail*, etc., qui font *éventails*, etc.

On dit aussi des travails, 1° lorsqu'on veut parler d'une machine de bois qu'emploient les maréchaux pour ferrer les chevaux fougueux ; 2° quand il est question des comptes ou rapports présentés soit à un souverain par un ministre ou un administrateur, soit à un supérieur par un commis : le ministre a eu cette semaine plusieurs *travails avec le roi*.

96 L'Italie est sous un des plus beaux *ciels* de l'Europe.

Ciel et *œil* font au pluriel *cieux* et *yeux* ; cependant on dit quelquefois *ciels* et *œils* ; des *ciels* de lit, les *ciels* d'un tableau, des *œils* de bœuf (terme d'architecture) de chat, de serpent (terme de lapidaire), de perdrix (terme de broderie).

Aïeul fait *aïeux* dans le sens d'ancêtres ; en parlant de son grand-père paternel et de son grand-père maternel, on dit mes *aïeuls*.

CHAPITRE II.

De l'Adjectif.

97 Un ton *poli* rend les *bonnes* raisons *meilleures.*

L'adjectif prend le genre et le nombre du substantif ou du pronom qu'il modifie.

98 Une jeune fille *discrète.*

1re RÈGLE. Les adjectifs terminés au masculin par un *e muet* ne changent pas au féminin, comme : *jeune*, *aimable*, *fidèle*, et ceux qui sont terminés par une consonne ou une voyelle autre que l'*e muet*, en prennent un au féminin, tels que *discret*, *poli*, *sensé*.

99 Une *bonne* action vaut mieux qu'un *bon* ouvrage.

THOMAS.

2e RÈGLE. La plupart des adjectifs terminés par une consonne redoublent leur consonne finale et ajoutent un *e muet*, tels que : *bon*, *gros*, qui font *bonne*, *grosse*, etc.

100 Cet homme est très *actif.*

1re EXCEPTION. Tout adjectif qui se termine au masculin par *f*, forme son féminin en changeant cet *f* en *ve* ; *actif*, *active* ; *bref*, *brève*.

101 Cornélie était *vertueuse.*

2e EXCEPTION. Les adjectifs terminés au masculin par un *x*, changent au féminin cet *x* en *se* : *officieux*, *officieuse* ; *heureux*, *heureuse*.

102 3e EXCEPTION. Mahomet avait un génie *supérieur.*

Les adjectifs terminés au masculin en *eur* forment leur féminin de cinq manières différentes : place *supérieure*, fille *menteuse*, louange *adulatrice*, voix *enchanteresse*, *femme auteur*.

103 Le *bel* âge n'est qu'une fleur qui passe.

FÉNELON.

4e EXCEPTION. Les adjectifs *fou*, *mou*, *nouveau*, *beau* et *vieux* forment leur féminin d'un second masculin qui s'emploie devant les mots commençant par une *voyelle* et par un *h muet* : *un nouveau malheur*, *un nouvel ouvrage*, *une nouvelle faveur*, *un vieux cheval, un vieil ami, une vieille servante, un fol amour, une folle ambition, un bel homme.*

104 Le bonheur *public* vaut mieux que la victoire.

ARNAULT.

5e EXCEPTION. Quelques adjectifs terminés par un *c* au masculin forment leur féminin par le changement du *c*.

1° En *que* :	Public,	Publique.
	Caduc,	Caduque.
	Turc,	Turque.
	Grec,	Grecque (seul mot qui conserve le *c*).
2° En *che* :	Franc,	Franche.
	Blanc,	Blanche.
	Sec,	Sèche.

105 La flatterie est une *fausse* monnaie qui n'a de cours que par notre vanité. LAROCHEFOUCAULD.

6e EXCEPTION. Il y a plusieurs adjectifs dont le féminin est irrégulier, ce sont :

Doux, qui a pour féminin	Douce.
Roux,	Rousse.
Long,	Longue.
Favori,	Favorite.
Tiers,	Tierce.
Malin,	Maligne.
Jaloux,	Jalouse.

Du nombre dans les adjectifs.

106 L'histoire est un juge *sévère* et *impartial.*

Les règles pour la formation du pluriel dans les adjectifs, sont les mêmes que pour le substantif.

CHAPITRE III.

Le Pronom.

107 *Ils les* admirent.

Le pronom prend un *s* au pluriel comme le substantif et l'adjectif, quand il n'a pas une forme particulière pour ce nombre.

108 Quand je vois les nids des oiseaux formés avec tant d'art, je demande quel maître *leur* a appris les mathématiques et l'architecture.

Leur, pluriel de *lui*, ne prend pas d'*s*, ce qui le distingue de son homonyme *leur*, adjectif possessif.

109 *Ce* qui me fait de la peine, *c*'est de voir qu'elle ne *se* corrige pas.

Ce, pronom démonstratif, s'écrit par un *c*, il est toujours joint au verbe *être*, ou suivi de *qui*, de *que* ou de *dont*, pronoms conjonctifs, tandis que *se* pronom personnel s'écrit par un *s* et précède toujours le verbe dont il est complément.

110 Le chemin *où* vous passez est dangereux.

Où, pronom conjonctif, prend un accent grave qui le distingue de *ou* conjonction, mis pour *ou bien*.

CHAPITRE IV.

Orthographe des Verbes.

111 J'*aime* les fleurs (1).

C'est par un grand nombre de terminaisons que le verbe exprime les nombres, les temps et les modes.

La première personne du présent de l'indicatif se termine par un *e muet* dans tous les verbes de la première conjugaison.

112 Je *chéris* la vertu.

Les verbes de la seconde conjugaison prennent un *s*, excepté ceux qui sont terminés par un *e muet*, comme j'*offre*, je *cueille*, j'*ouvre*.

113 Je *reçois* vos excuses.

Ceux de la troisième conjugaison prennent un *s* ou un *x* lorsqu'ils se terminent en *eu* ou en *au*, comme : je *peux*, je *veux*, je *prévaux*.

L'*s* final ne peut pas être précédé d'une *consonne* qui ne se trouve pas à l'infinitif; cependant on dit je m'assieds.

(1) Voir les Exercices.

114 J'attends vos ordres.

Les verbes de la quatrième conjugaison se terminent par un *s*, qui est quelquefois précédé d'une *consonne nulle* qu'on entend dans l'infinitif, comme : *rendre, rompre*, je *rends*, je *romps*. On la supprime dans les verbes en *aître*, comme : naître, paraître ; ainsi que dans les verbes dont l'infinitif est en *indre* ou en *soudre* : *craindre, absoudre*.

115 Je vous *demanderai* aujourd'hui ce que je vous *demandai* hier.

La première personne du singulier du prétérit défini de la première conjugaison est terminée en *ai*, qu'on prononce *é* : je *demandai*, je *parlai*, et le futur a la même terminaison dans tous les verbes.

116 Je *vins*, je *vis*, je *vainquis*.

La première personne du prétérit défini des verbes qui n'appartiennent pas à la première conjugaison, se termine toujours par un *s*.

117 Je *relirais* avec le même plaisir ce que je *lisais* autrefois.

La première personne du singulier du conditionnel et de l'imparfait, se termine dans tous les verbes par *ais*.

118 Il faut que j'*écrive*, il faudrait que je *lusse*.

Tous les verbes, à la première personne du singulier du subjonctif, se terminent par un *e muet ;* il n'y a d'exception que pour le verbe *être*, que *je sois*.

119 Tu n'*espères* pas gagner ton procès.

Dans les verbes de la première conjugaison, on ajoute un *s* à la première personne pour former la deuxième, et dans tous les autres verbes ces deux personnes sont semblables : je *finis*, tu *finis*, je *peux*, tu *peux*, je *rends*, tu *rends*.

120 *Règle* ta propre conduite avant de critiquer celle des autres.

La deuxième personne du singulier de l'impératif est toujours semblable à la première du présent de l'indicatif. Ainsi il ne faut pas mettre d'*s* à cette seconde personne lorsqu'il n'y en a point à la première personne du présent de l'indicatif : *aime*, *donne*, *souffre*, *emplis*, *reçois*, *rends*.

121 *Apportes-y* tous tes soins.

Cependant on ajoute un *s* après cet *e* quand le pronom *y* ou le pronom *en* doit suivre; mais si au lieu du pronom *en*, c'est la préposition *en* qui suit le verbe, on ne fait point usage de la lettre euphonique *s*, c'est-à-dire que l'on écrit : *admire en* France, et non pas *admires en* France, *accepte en* échange ce bijou.

122 Il *ouvre* le jardin, il *cueille* des fleurs.

Dans tous les verbes où la première personne est terminée par un *e muet*, la troisième est semblable à la première, excepté qu'*il ait*, troisième personne du singulier du subjonctif du verbe *avoir*, et la troisième personne de l'imparfait du subjonctif qui est toujours terminée par un *t*. Il faut observer que la voyelle qui précède ce *t* prend un accent circonflexe.

123 Il *écrit* tout ce qu'on *veut*.

Quand la première personne du singulier finit par un *s* ou par un *x*, la troisième finit par un *t*.

124 Il *répond* avec assurance.

Les verbes, dont la première personne du singulier de l'indicatif est terminé par *ds*, finissent par un *d* à la troisième.

125 Elle lui donna sa bourse.

Quand la première personne est terminée en *ai*, la troisième personne finit en *a* : j'*ai*, *il a*, j'*aimai*, il *aima*, je *recevrai*, il *recevra*.

126 A *vaincre* sans péril on triomphe sans gloire.

Le verbe *vaincre* et son composé *convaincre* se terminent par le *c* qui précède l'*s* de la première ou de la deuxième personne : il *vainc*, il *convainc*.

127 Nous *sommes* allés vous voir et nous ne vous *avons* pas trouvé.

La première personne du pluriel est toujours terminée par *ons*, *ions* ou par *mes* : nous *chantons*, nous *marcherons*, nous *voudrions*, nous *dansâmes*.

128 Entre le pauvre et vous, vous *prendrez* Dieu pour juge,
Vous souvenant, mon fils, que caché sous ce lin,
Comme eux vous *fûtes* pauvre et comme eux orphelin.

RACINE.

La seconde personne du pluriel se termine en *s* ou en *z*, elle est terminée par *z* quand l'*e* qui précède est un *e fermé*, par *s* quand cet *e* est *muet*, vous *aviez*, vous *aimiez*, vous *fûtes*.

129 Nous *passâmes* tout l'été dernier à la campagne.

La première et la deuxième personne du pluriel du prétérit défini, prennent un accent circonflexe sur la voyelle qui précède leur terminaison.

130 Les yeux de l'amitié se *trompent* rarement.

VOLTAIRE.

La troisième personne plurielle est toujours terminée par *nt* : ils *triomphent*, ils *aimèrent*, ils *reçurent*, ils *finirent*.

131 *Veillé*-je? *puis*-je croire un semblable dessein ?

Dans les phrases interrogatives, le pronom se place après le verbe, auquel il est joint par un trait d'union; quand le verbe est terminé par un *e muet* il se change en *e fermé*; pour la même raison on écrit : *dussé*-je en mourir ! *puissé*-je le revoir.

132 Les *approuve-t-on?*

Quand le verbe à la troisième personne est terminé par une voyelle, on place un *t* euphonique entre ce verbe et le pronom qui le suit, et on les sépare par un tiret ou trait-d'union; par analogie on dit aussi : *puisse-t-il* se désabuser.

133 Il entend les serpents, il croit les *voir rampant* autour de lui.

MARMONTEL.

Les verbes employés à l'infinitif et au participe présent sont toujours invariables.

134 L'armée des infidèles fut entièrement *détruite*.

Le participe passé est terminé par *s* ou par *t* lorsqu'on entend ces lettres dans le féminin : *confus*, *confuse*, *vu*, *vue*, *fini*, *finie*.

Verbes réfléchis.

135 *Promène-toi* dans le jardin.

Les *verbes réfléchis* se conjuguent avec deux pronoms de la même personne, dont le premier est sujet et le second complément.

Le verbe à l'impératif est suivi de l'un des pronoms *toi, nous, vous;* un trait-d'union lie le pronom au verbe, mais on écrit *va te récréer* sans trait d'union, parce que *te* n'est pas régi par l'impératif *va,* mais par l'infinitif *récréer.*

Les verbes réfléchis se composent avec le verbe être : elle *s'est habillée,* elle *s'était abstenue* de manger.

Verbes en ger.

136 Il se *chargea* d'une lettre.

Les verbes terminés en *ger* prennent un *e* euphoni- 140
que avant *a* et *o* afin de conserver au *g* le son du *j.*

Verbes en cer.

137 Nous *avançons* vers notre but.

Le *c* prend une cédille devant *a* et *o* dans les verbes terminés à l'infinitif en *cer* : *bercer, tracer, énon-*
cer ; ce qui a lieu aussi dans les verbes où le *c* est 141
suivi d'un *u* : il *reçut,* il *aperçut.*

Verbes en eler.

138 Il veut les *rappeler* et sa voix les effraie.

RACINE.

Les verbes en *eler* et *eter* doublent les lettres *l* et 142
t devant un *e* muet : j'*appelle,* tu *nivelles,* ils *jettent,* excepté *acheter, bourreler, déceler, geler, harceler* et *peler,* qui prennent un accent grave, j'*achète,* etc.

Les verbes *tenir, venir, prendre* et leurs composés suivent la même règle pour le redoublement de la lettre *n.*

139 Qui *emploie* bien son temps ne s'*ennuiera* jamais.

Tous les verbes dont l'infinitif est en *yer* changent

l'*y* en *i* devant un *e* muet : *j'emploie*, tu *appuies*, nous *employons*, vous *appuyez*.

Toutefois l'Académie conserve l'*y* dans toute la conjugaison des verbes en *ayer*, tels que : *payer*, *essayer*, etc.

Les verbes en *yer* prennent un *y* et un *i* aux deux premières personnes plurielles de l'imparfait de l'indicatif et du présent du subjonctif, savoir l'*y* de la partie radicale *employ* et l'*i* de la partie finale *ions*.

Cette règle s'applique non-seulement aux verbes en *yer*, mais à tous ceux dont le participe présent est en *yant* et en *iant* ; nous *croyions*, nous *employions*, nous *priions*, vous *riiez*.

Verbes en uer.

140 Vous *jouïez* de la flûte.

Les verbes dont l'infinitif est terminé en *uer* exigent aux deux premières personnes plurielles de l'imparfait de l'indicatif et du présent du subjonctif un tréma sur l'*i* : nous *jouïons*, vous *tuïez*.

Verbes irréguliers.

141 Ils *vont* à Rome.

La première conjugaison ne compte que trois verbes irréguliers, qui sont : *aller*, *envoyer*, *renvoyer* ; mais ceux des autres conjugaisons sont beaucoup plus nombreux.

142 Les armes qui ont été *bénites* par l'église, ne sont pas toujours *bénies* du ciel sur le champ de bataille.

Beauzée.

Bénir n'est irrégulier qu'au participe passé qui fait *bénit*, *bénite*, qui se dit seulement de la bénédiction de l'église donnée par un prêtre avec les cérémonies ordinaires : *du pain bénit* ; *béni*, *bénie* s'emploie dans toutes les autres acceptions.

Les armes *bénies* de Dieu sont toujours heureuses.

L'Académie.

143 L'empire romain *florissait* sous Auguste.

Fleurir est régulier dans le sens propre, c'est-à-dire lorsqu'il signifie pousser des fleurs; dans le sens figuré il signifie être en crédit, en honneur; et alors on dit à l'imparfait *florissait*, et au participe présent *florissant*.

144 Là *gît* Lacédémone, Athènes fut ici!

L. RACINE.

Gésir ne s'emploie qu'à l'indicatif présent, à l'imparfait et au participe présent : *gisait* et *gisant*.

145 Quand il *hait* une fois, il veut *haïr* toujours.

RACINE.

L'*h* s'aspire dans tous les temps de ce verbe, et il n'a d'irrégularité que dans la prononciation.

Liste des Verbes irréguliers.

ALLER.
ENVOYER.
RENVOYER, — se conjugue comme envoyer.
ABSTENIR, — comme tenir.
ACCOURIR, — comme courir.
ACCUEILLIR, — comme cueillir.
ACQUÉRIR.
ASSAILLIR.
BÉNIR, — voyez le no 142.
BOUILLIR.
COURIR.
COUVRIR, — comme ouvrir.
CUEILLIR.
DORMIR, — comme sortir.
FAILLIR, — n'est d'usage qu'au prétérit défini (je faillis), aux temps composés et aux temps de l'infinitif.
FÉRIR, — ce verbe qui signifie *frapper*, n'est plus en usage que dans cette phrase : *sans coup férir*, pour dire sans en venir aux mains, sans rien hasarder.
FLEURIR, — voyez le no 143.
FUIR.
GÉSIR, — voyez le no 144.
HAÏR, — voyez le no 145.
ISSIR, — ce verbe qui s'est dit anciennement pour *sortir*, n'est plus en usage qu'au participe passé : *issu*, *issue*.

MENTIR, —	voyez sentir.
MOURIR.	
OFFRIR, —	comme ouvrir.
OUIR, —	on ne se sert maintenant de ce verbe qu'au prétérit défini de l'indicatif, à l'imparfait du subjonctif, à l'infinitif et aux temps composés.
OUVRIR.	
PARTIR.	
QUÉRIR, —	comme acquérir.
SAILLIR, —	dans le sens de jaillir ; ce verbe est régulier dans le sens d'avancer dehors, il se conjugue comme assaillir.
SENTIR.	
SERVIR.	
SORTIR.	
SOUFFRIR, —	comme ouvrir.
TENIR.	
TRESSAILLIR, —	voyez assaillir.
VENIR, —	comme tenir.
ASSEOIR.	
CHOIR, —	n'est en usage qu'à l'infinitif et au participe passé.
DÉCHOIR.	
ECHOIR, —	au présent de l'indicatif, ce verbe n'est guère d'usage qu'à la troisième personne ; le participe de ce verbe se construit avec être.
FALLOIR, —	ce verbe n'a pas d'impératif.
MESSEOIR, —	comme seoir.
MOUVOIR.	
POUVOIR, —	Je puis doit être préféré à je peux.
POURVOIR.	
PRÉVALOIR.	
PROMOUVOIR, —	Ce verbe n'est d'usage qu'à l'infinitif et aux temps composés.
RAVOIR., —	ne s'emploie qu'au présent de l'infinitif.
SAVOIR.	
SEOIR, —	signifiant être convenable ne s'emploie qu'aux personnes et aux temps désignés dans le tableau.
SURSEOIR, —	dans la signification d'être assis ; ce verbe n'est plus en usage excepté au participe présent.
VALOIR, —	n'a point d'impératif.
VOIR.	
VOULOIR.	
ABSOUDRE, —	n'a point de prétérit défini ni d'imparfait du subjonctif.
ACCROITRE, —	comme croître.
BATTRE.	
BOIRE.	

BRAIRE, —	ce verbe ne s'emploie qu'aux temps et aux personnes qui se trouvent dans le tableau.
BRUIRE, —	n'est d'usage qu'à l'infinitif et aux troisièmes personnes de l'imparfait de l'indicatif.
CEINDRE, —	voyez peindre.
CLORE, —	n'est d'usage qu'aux temps qui se trouvent dans le tableau et aux temps composés.
CONCLURE.	
CONDUIRE.	
CONFIRE, —	l'imparfait du subjonctif n'est plus en usage.
CONNAITRE, —	voyez paraître.
COUDRE.	
CRAINDRE, —	voyez peindre.
ADMETTRE, —	comme mettre.
ATTEINDRE, —	comme peindre.
CIRCONCIRE, —	l'Académie ne donne à ce verbe ni imparfait de l'indicatif, ni imparfait du subjonctif, ni participe présent.
CONTREDIRE, DÉDIRE, INTERDIRE, MÉDIRE, PRÉDIRE, —	font à la seconde personne du pluriel du présent de l'indicatif, vous *contredisez*, vous *dédisez*, etc. ; les autres formes comme celles de *dire*.
CROIRE.	
CROITRE.	
DIRE.	
DISSOUDRE, —	voyez absoudre.
ÉCLORE, —	ne s'emploie qu'aux temps et aux personnes qu'on trouve dans le tableau, et aux temps composés qui se forment avec être.
ÉCRIRE.	
DÉCRIRE, INSCRIRE, PRESCRIRE, PROSCRIRE, RÉCRIRE, SOUSCRIRE, TRANSCRIRE, —	comme écrire.
EXCLURE, —	comme conclure.
FAIRE.	
CONTREFAIRE, DÉFAIRE, REFAIRE, SURFAIRE, SATISFAIRE, —	comme faire.
FEINDRE, —	voyez peindre.

FRIRE, — n'est d'usage qu'aux temps qui se trouvent dans le tableau, au futur, au conditionnel, et aux temps composés.

LIRE.

LUIRE, — n'a ni prétérit défini, ni imparfait du subjonctif.

MAUDIRE, — voyez dire.

METTRE.

MOUDRE.

NAITRE.

NUIRE.

PAITRE, — n'a point de prétérit défini, ni d'imparfait du subjonctif.

PARAITRE.

PEINDRE.

PLAIRE.

PRENDRE.

RÉSOUDRE.

RIRE.

SUFFIRE.

SUIVRE.

TAIRE,

TRAIRE. — n'a point de prétérit défini, ni d'imparfait du subjonctif.

VAINCRE.

VIVRE.

FORFAIRE. — ne s'emploie qu'au présent de l'infinitif et aux temps composés : *il a forfait à l'honneur.*

MALFAIRE, — Il n'est usité qu'au présent de l'infinitif et au participe passé.

OINDRE.

SOURDRE, — il n'est d'usage qu'au présent de l'infinitif et aux troisièmes personnes du présent de l'indicatif : *on y voit sourdre des eaux de tous côtés.*

SURVIVRE, — comme vivre.

TISTRE, — synonyme de *tisser*, ce verbe n'est plus en usage que dans les temps composés : *tissu, tissue.*

NOTA. Tous les temps de ces verbes, qui présentent des irrégularités, se trouveront dans les tableaux.

CHAPITRE V.

DES MOTS INVARIABLES.

De la Préposition.

146 Il s'occupe *dès* le matin *à* lire et *à* faire des vers.

Les prépositions *dès* et *à* prennent un accent grave ; cet accent distingue le premier de l'article composé, *des,* et le second de la troisième personne du présent de l'indicatif du verbe *avoir*.

147 Cet homme a le cœur bon ; *quant à* la tête, elle est mauvaise.

Quant s'écrit avec un *t* lorsqu'il signifie *pour ce qui est de*, *à l'égard de*, et alors il est toujours suivi de *à* ; pris dans la signification de *lorsque*, *à quelle époque*, *dans quel temps*, il s'écrit avec un *d*, et il est adverbe.

De l'Adverbe.

148 Un savant philosophe a dit *élégamment* :
Dans tout ce que tu fais hâte-toi *lentement*.

REGNARD.

Quand l'adjectif est terminé au masculin par *ant* ou par *ent*, l'adverbe se forme de ces adjectifs, en changeant *ant* en *amment*, et *ent* en *emment* : *élégamment*, *diligemment*.

On excepte *lent*, *présent* et *véhément*, dont les adverbes sont *lentement*, *présentement* et *véhémentement*. Trois adverbes en *mment* dérivent d'anciens adjectifs qui ne sont plus usités aujourd'hui ; ce sont : *notamment*, *nuitamment* et *sciemment*.

149 Un financier jamais ne dort *profondément*.

JAUFFRET.

Quand l'adjectif est terminé par un *e* muet, on forme l'adverbe en ajoutant *ment* : *horrible*, *horriblement* ; excepté *aveugle*, *commode*, *conforme*, *énorme*, *incommode*, *opiniâtre* et *uniforme*, qui changent l'*e* muet en *é* fermé : *aveuglément*, *commodément*, etc.

150 *Là* tout est beau, parce que tout est vrai.

L'*a* final des adverbes prend un accent grave : *là*, *çà*, *déjà* ; *où*, adverbe, prend aussi un accent grave qui le distingue de *ou* conjonction, mis pour *ou bien*. J'irai *où* vous voudrez, en Suisse *ou* en Angleterre.

151 *Plutôt* perdre tout que de rien faire contre sa conscience.
L'ACADÉMIE.

Plutôt s'emploie pour marquer le choix que l'on fait d'une chose par préférence à une autre, et s'écrit toujours en un seul mot.

Plus tôt s'emploie pour signifier plus vite, de meilleure heure, s'oppose à *plus tard*, et s'écrit en deux mots. J'arriverai *plus tôt* que vous.

Des Conjonctions.

152 Rien n'enfle et n'éblouit les grandes âmes, *parce que* rien n'est plus haut qu'elles.
MASSILLON.

Parce que séparé en deux mots est une conjonction qui sert à marquer la raison de ce qu'on a dit, elle signifie *à cause que*, *autant que*.

Quand *par ce que* est séparé en trois mots, ce n'est pas une conjonction, et alors il signifie *par la chose* ou *par les choses que*.

153 *Quoique* invisibles il est toujours deux témoins qui nous regardent : Dieu et la conscience.
FÉNELON.

Quoique, conjonction signifie *encore*, *bien que*, et s'écrit en un seul mot.

Il ne faut pas le confondre avec *quoi que* pronom, qui s'écrit toujours en deux mots et signifie *quelque chose que*.

Quoi qu'en dise Aristote, et sa docte cabale,
Le tabac est divin, il n'est rien qui l'égale.
T. CORNEILLE.

Des Interjections.

154 Ah! que de la vertu les charmes sont puissants.
T. CORNEILLE.

Les exclamations *ah!* et *oh!* expriment la joie, la douleur, l'admiration, etc.

Ha ! et *ho* ! expriment la surprise, l'effroi.

Ha ! vous voilà !

Les exclamations *eh!*, *hé!* ont pour objet principal d'appeler l'attention sur ce qui va être dit. Dans ce cas, ainsi que dans le précédent, le sens est d'accord avec la prononciation.

Ah! oh! eh! ont un son prolongé et conviennent mieux aux émotions profondes ; *ha! ho! hé!* n'ont qu'un son bref et conviennent mieux aux émotions violentes et instantanées.

155 *O* ma mère ! ô vous que je chéris !

O! marque une émotion encore plus profonde.

O! si la sagesse était visible, de quel amour les hommes s'enflammeraient pour elle !

On l'emploie aussi en apostrophe.

CHAPITRE VI.

Des lettres majuscules.

156 Avant qu'un tel dessein m'entre dans la pensée,
On pourra voir la *Seine* à la *Saint-Jean* glacée.
BOILEAU.

On doit écrire avec une lettre majuscule (on appelle ainsi une lettre plus grande que les autres et d'une autre forme),

1° Les substantifs propres.

157 La crainte de *Dieu* est le commencement de la sagesse.

2° Le nom de Dieu, lorsqu'il désigne individuellement l'Être suprême ; mais il s'écrit avec une minuscule s'il est appliqué aux fausses divinités du paganisme, ou bien s'il est regardé comme sujet de quelque qualification déterminative.

On a compté jusqu'à cent cinquante-neuf *dieux* que les païens ont adorés. Le *dieu* d'Abraham.

158 La *Cigale* et la *Fourmi*.

3° Les noms qui désignent le titre d'un livre ou d'une pièce quelconque ; ceux des *sciences*, des *arts*, des *métiers*, quand ils sont pris dans un sens individuel : la *Rhétorique* est l'art de bien dire, etc.; mais on écrira avec une lettre minuscule : Ce jeune homme fait sa *rhétorique*.

159 *Travailler* c'est savoir jouir,
L'oisiveté pèse et tourmente.

LAFONTAINE.

4° On doit aussi écrire par une grande lettre tout mot qui commence une phrase ou un vers.

160 . . . . La *Mollesse* oppressée,
Dans sa bouche à ce mot, sent sa langue glacée.

BOILEAU.

5° On fait encore usage d'une grande lettre pour indiquer au lecteur tout nom de chose personnifiée.

CHAPITRE VII.

Des accents et des autres signes orthographiques.

161 Notre *père* est la *bonté même*.

Il y a dans la langue française trois sortes d'accents : l'accent aigu (´), l'accent grave (`) et l'accent circonflexe (^).

L'accent aigu se met sur tous les *e* fermés qui terminent la syllabe ou qui seront suivis d'*s*, signe du pluriel : la *vérité*, l'*assemblée*, les *procédés*.

L'accent grave se met sur tous les *e* ouverts : *pèle*, *règle*, *prophète*.

On fait également usage de l'accent grave dans certains mots, pour empêcher qu'on ne les confonde avec d'autres, comme nous l'avons vu pour *à*, *dès*, *là*.

162 On ne doit prendre un parti quelconque, qu'après un *mûr* examen.

On emploie l'accent circonflexe lorsque la voyelle est longue, comme dans les mots *lâche*, *château*, *bâti*; ou lorsqu'il y a suppression de lettre, comme dans les mots *âge*, *tête*, *côte*, qu'on écrivait autrefois : *asge*, *teste*, *coste*.

Sur l'*i* des verbes en *aître*, comme *naître*, *paraître*, *accroître*; dans tous les temps où l'*i* est suivi de *t* : il *naît*, il *paraîtra*, nous *accroîtrons*.

Sur les pronoms possessifs le *nôtre*, le *vôtre*; mais on ne le met pas sur *notre*, *votre* adjectifs possessifs.

On le met encore sur les participes *dû*, *tû*, *crû* et sur les adjectifs *sûr* et *mûr*, pour les distinguer de leurs homonymes *du* article, *tu* pronom, *cru* participe du verbe croire, *sur* préposition, et *mur* substantif, etc.

Apostrophe.

163 Il se faut *entr'aider*, c'est la loi de nature.

LA FONTAINE.

L'apostrophe est un petit signe (') que l'on place au haut d'une lettre pour marquer l'élision, quand le mot suivant commence par une voyelle.

L'*e* muet de la préposition *entre* s'élide dans entr'acte et dans les verbes réfléchis s'*entr'aider*, *s'entr'ouvrir*, etc.; mais l'académie écrit *entre eux*, *entre elles*, *entre autres*, etc.

On supprime l'*e* muet et on le remplace par une apostrophe dans les locutions, *grand'mère*, *grand'messe*, *grand'croix*, *grand'merci*, la *grand'chambre*, etc., quoique le substantif suivant commence par une consonne.

Trait d'Union.

164 Le *croyez-vous*.

On emploie le trait-d'union (-) entre deux mots qu'il n'est pas permis de séparer dans le discours : *celui-ci*, *moi-même*, et entre les mots qui forment les substantifs composés : *serre-tête*.

Quand le verbe est suivi d'un pronom qui en est le sujet ou le complément : *viendrez-vous, rends-la-lui.*

Enfin on en fait usage pour les adjectifs numériques, lorsque le dernier ne dépasse pas la dixaine : *dix-huit, vingt-deux.*

On le trouve encore dans *quatre-vingts* et dans *quinze-vingts.*

Tréma.

165 *Moïse* reçut la loi sur le mont *Sinaï.*

Le tréma se met sur une voyelle pour indiquer qu'on doit la prononcer séparément d'une autre voyelle qui la précède immédiatement.

Cédille.

166 La rivière est couverte de *glaçons.*

La cédille (ç) se place sous le *c* avant les voyelles *a, o, u,* pour indiquer que cette lettre doit conserver la prononciation douce.

TROISIÈME PARTIE.

La Syntaxe.

167 La syntaxe, dont le nom, d'après son origine, signifie *j'arrange avec*, nous fait connaître le rapport des mots entre eux, leur concordance, leur emploi et leur construction.

On ne connaît bien les divers rapports que présente la syntaxe, que par l'analyse. Analyser une proposition, une phrase, c'est la décomposer.

Il y a deux sortes d'analyse, l'une grammaticale, l'autre logique.

Par la première, on ne décompose la phrase que pour en ranger les mots dans leurs classes spécifiques.

Par la seconde, on les considère dans leurs rapports entre eux, comme formant, par leur ensemble, l'énonciation d'un jugement.

Or le jugement est une opération de l'esprit par laquelle on aperçoit le rapport de convenance ou de disconvenance entre deux idées comparées.

L'énonciation de ce rapport fait par la voix ou par l'écriture, est ce qu'on appelle proposition.

CHAPITRE Ier.

Des différentes parties de la proposition.

168 *Dieu est juste.*

Dans toute proposition il y a trois éléments, le sujet, le verbe et l'attribut ; et des parties accidentelles, le complément immédiat, le complément médiat, le complément adverbial et le compellatif.

Du Sujet.

169 *Patience* et *succès* marchent toujours ensemble.

VILLEFRÉ.

Le sujet est l'objet d'un jugement; il est formé d'un substantif, d'un pronom ou d'un mot quelconque employé substantivement.

Le *chien* est fidèle, *il* suit son maître.

Lire est amusant.

On reconnaît le sujet, quand on peut faire la question qui est-ce qui? Qui est-ce qui est fidèle? le *chien*.

Du Verbe.

170 Auguste *joue*.

Le verbe *être* qu'on appelle verbe substantif, est le seul verbe proprement dit; c'est par lui qu'on affirme la concordance de l'attribut avec le sujet.

Auguste *joue* se décompose ainsi : Auguste *est* jouant.

Tous les autres mots réputés verbes étant une combinaison du verbe *être* avec un attribut, sont donc des verbes attributifs.

De l'Attribut.

171 Turenne était *vaillant*.

L'attribut est une partie de la proposition qui se joint aux autres pour les modifier, soit par l'idée d'une qualité, soit par l'idée d'une action ou d'un état, d'une manière d'être; il est généralement exprimé par un adjectif ou par un participe. *Vaillant* est l'attribut qui modifie le sujet *Turenne*.

172 Le *singe* et le *chat* sont *rusés* et *malins*.

Le sujet et l'attribut sont *composés* lorsqu'ils sont formés de plusieurs noms ou de plusieurs adjectifs.

173 *Les grands pins* sont *exposés aux coups de la tempête.*

Le sujet et l'attribut sont *complexes*, s'ils sont accompagnés d'autres mots qui les modifient.

Complément immédiat.

174 Dieu protége l'*innocence.*

Le complément immédiat est la partie de la proposition qui est destinée à représenter l'être auquel se rapporte directement l'action exprimée par le verbe.

Le complément immédiat peut être ou un nom ou un pronom, ou un verbe, et répond à la question *qui* ou *quoi*? Dieu protége quoi? l'*innocence.*

Le complément immédiat, comme le sujet et l'attribut, peut être composé ou complexe.

Complément médiat.

175 Tout genre d'excès nuit *à la santé.*

A la santé est un complément médiat, c'est-à-dire qu'il ne complète que d'une manière indirecte le sens du verbe auquel il est joint par une préposition qui sert à déterminer le rapport qui existe entre eux.

Nuit à quoi? *à la santé.*

Le complément médiat répond aux questions *à qui, à quoi, de qui, de quoi?* Il peut aussi être composé ou complexe.

Complément adverbial.

176 Je partirai *demain.*

Le complément adverbial sert à modifier le verbe par une idée de manière, de temps, de lieu, de motif.

Il est généralement formé par des adverbes ou des expressions équivalentes, et répond aux questions *quand, comment, d'où, par où, pourquoi?*

Je partirai *quand? demain.*

Ces compléments modifient non seulement le verbe, mais encore les autres parties de la proposition.

Du Compellatif.

177 *Grand Dieu!* tes jugements sont remplis d'équité.

Le compellatif est une partie de la proposition au

moyen de laquelle on appelle à soi la personne à qui l'on s'adresse.

178 *Jean Thévenot, auteur d'un voyage en Asie, apporta, dit-on, en 1656, le café en France.*

Une phrase est généralement composée de plusieurs propositions; faire une analyse logique, c'est les décomposer en leurs diverses parties essentielles et accidentelles.

179 Et de son creux de main faisant un gobelet,
Il *vous* a bu de l'eau, tout comme on boit du lait.

Il y a des parties de phrase qui se refusent à toute espèce d'analyse; ce sont des locutions qui sortent des règles ordinaires que l'on appelle gallicisme, tel que: Ce livre *se* lit avec plaisir.

Des différents caractères des propositions.

180 *La jeunesse et l'inexpérience nous exposent à bien des fautes.*

Il y a deux sortes de propositions : la proposition principale et la proposition incidente.

La proposition principale est celle qui occupe le premier rang dans l'énonciation de la pensée; elle est ou absolue, ou relative.

La proposition principale absolue est celle qui a un sens complet par elle-même, et qui peut exister sans le secours d'aucune autre proposition pour faire un sens total.

181 La philosophie triomphe aisément des maux passés, *mais les maux présents triomphent d'elle.*

La proposition principale relative est celle qui est liée à une autre proposition pour faire un sens total.

La seconde proposition, *mais les maux* etc., est une proposition relative. Ainsi quand il y a plusieurs propositions principales, la première est absolue, les autres sont relatives.

182 La gloire *qui vient de la vertu* a un éclat immortel.

La proposition incidente est celle qui est ajoutée

à une proposition précédente pour la déterminer ou pour l'expliquer; d'où il suit qu'il y a deux sortes de propositions incidentes : la proposition incidente déterminative et la proposition incidente explicative.

La proposition incidente déterminative, détermine une proposition précédente, à laquelle elle est jointe d'une manière indivisible : les mots, *qui vient de la vertu*, forment une proposition incidente liée au sujet *gloire*, dont elle sert à restreindre la signification trop générale par l'idée de la cause particulière qui la procure. Cette proposition est indispensable au sens de celle qui précède, on ne saurait la retrancher.

183 Dieu, *qui est juste*, récompense la vertu.

La proposition incidente explicative, explique la proposition précédente à laquelle elle est jointe d'une manière divisible. *Qui est juste* est la proposition incidente explicative; elle sert à développer l'idée de la proposition qui précède et peut en être retranchée sans nuire au sens.

184 Avez-vous lu Télémaque? *Oui*.

Les propositions ont encore d'autres caractères que ceux dont nous venons de parler, elles peuvent être pleines ou entières, affirmatives, interrogatives, négatives, elliptiques, etc.

Avez-vous lu Télémaque est une proposition entière, puisqu'elle se compose des trois parties essentielles; interrogative puisqu'elle renferme une question. *Oui* est une proposition affirmative elliptique; réduite à sa plus simple expression, car ce mot remplace j'ai lu Télémaque: il en serait de même dans l'emploi de l'adverbe de négation *non*, et dans les mots *voilà, bonjour*.

Sois sage. Le brave ne se connaît que dans la guerre, le sage que dans la colère, l'ami que dans le besoin.

Sont aussi des propositions elliptiques.

CHAPITRE II.

Du nombre des Substantifs.

185 Les deux *Corneille* se sont distingués dans la république des lettres.

Le nom propre ne prend pas la marque du pluriel, lors même qu'il désigne plusieurs personnes portant le même nom. Cependant on dit les *Bourbons*, les *Guises*, les *Gracques*, parce que ces noms sont plutôt considérés comme noms de grandes et illustres familles que comme noms d'individus.

186 Louis fit des *Boileaux*, Auguste des *Virgiles*.

Le substantif propre prend un *s* lorsqu'il est employé pour un nom commun; c'est-à-dire pour désigner des individus semblables à ceux dont on emploie le nom. Dans cet exemple, *Boileau* et *Virgile* sont mis pour de grands poètes.

187 Ces *opéras* font l'admiration des *dilettanti*.

Les mots étrangers qui ont passé dans notre langue par un usage fréquent prennent la marque caractéristique du pluriel, tels que: des *accessits*, des *agendas*, des *bravos*, des *factums*, des *opéras*, des *pianos*, etc.

Au contraire ceux qui gardent leur forme ou leur prononciation étrangère, ne sont point français, et dès lors ne sont point soumis à la règle de la formation du pluriel. Exemples: des *Te Deum*, des *Benedicite*, des *Pater*, des *Ave*, des *mezzo termine*, des *dilettanti*, des *lazzaroni*, etc.

On écrit aussi : des *in-folio*, des *in-quarto*, des *in-douze*, parce que ces locutions sont elliptiques; *in-folio*, c'est-à-dire en feuille, la feuille entière est pliée en deux pour être cousue; *in-quarto*, *in-douze*, la feuille est pliée en quatre, en douze, etc.

188 On n'écouta ni les *si* ni les *mais*,
Sur l'étiquette on me fit mon procès.
P.-S. Ducerceau.

Les mots invariables employés accidentellement

comme substantifs ne prennent point la marque du pluriel : les *on dit*, les *pourquoi*, les *comment*, etc.

189 Le *garde-chasse* a arrêté un braconnier.

Dans les substantifs composés, les seuls mots qui puissent prendre la marque du pluriel sont le substantif et l'adjectif ; le verbe, la préposition et l'adverbe sont toujours invariables.

Remarquons que le mot *garde*, signifiant *gardien*, est substantif et doit prendre la marque du pluriel : des *gardes-chasse*, des *gardes-malades* ; mais s'il représente un être inanimé, on le considère alors comme un verbe, et il reste invariable : des *garde-manger* (des armoires où l'on garde le manger).

190 *Phèdre* et *Athalie* sont les *chefs-d'œuvre* de Racine.

Le substantif et l'adjectif qui concourent à former un substantif composé prennent la marque du pluriel ou restent au singulier, d'après le sens ; ainsi :

Des *belles-de-nuit*,	des fleurs belles dans la nuit.
Des *arcs-en-ciel*,	des arcs qui sont dans le ciel.
Des *mouille-bouche*,	des poires qui mouillent la bouche.
Des *vol-au-vent*,	sorte de pâtisserie si légère qu'elle est facilement emportée par le vent.
Un *entre-actes*,	intervalle entre deux actes.

191 Un *franc-alleu* était un bien patrimonial héréditaire.

BOISTE.

S'il entre dans la composition du substantif un mot qui ne s'emploie pas seul parce qu'il a vieilli et qu'il n'offre de sens que joint au nom qui le précède, ce mot remplit les fonctions d'adjectif et prend nécessairement la marque du pluriel.

Un *loup-garou* ;	des *loups-garous*.
Une *porte-cochère*,	des *portes-cochères*.
Une *pie-grièche*,	des *pies-grièches*.
Un *franc-alleu*,	des *francs-alleux*.

Nous ferons observer que la préposition latine *vice*,

qui signifie *à la place de*, et les mots initials *semi*, *demi*, etc., restent toujours invariables : des *vice-rois*, des *semi-tons*, etc.

192 Un *lit de plume* à grands frais amassée.

BOILEAU.

L'emploi du nombre dans les substantifs unis par la préposition *de*, offre quelques difficultés que le raisonnement peut seul résoudre.

On n'emploie pas des *plumes*, mais de la plume pour faire un lit. On dira un paquet de *plumes*, parce qu'ici les plumes se comptent par individu.

Des bouquets de *roses*, des bouquets de *jasmin*; c'est-à-dire des bouquets faits avec des roses et du jasmin.

Gelée de *groseille*, sucre de *pomme*, compote de *pommes*.

Dans la gelée de groseille et dans le sucre de pomme le fruit a perdu l'idée de pluralité, qui disparaît ; les mots groseille et pomme sont employés seulement pour qualifier *gelée* et *sucre* ; tandis que dans la compote de pommes, l'idée de pluralité domine, les pommes y étant visibles.

193 Je prends à *témoin* ces bois, ces prairies.

Mme DESHOULIÈRE.

On écrit sans *s* je les prends à témoin, parce que ce mot signifie témoignage, et on écrit avec un *s* je vous prends pour *témoins*.

194 Dieu est le créateur de *toutes choses*.

Toutes choses signifie ici tous les êtres de l'univers, on doit donc le mettre au pluriel ; mais on doit le mettre au singulier : je ne ferai pas cela pour *toute chose* au monde, parce que cela signifie pour une chose quelle qu'elle soit.

Du genre des Substantifs.

195 C'est un *délice* de faire des heureux.

LÉVIZAC.

Délice, *orgue*, *amour* pris dans le sens de passion, sont masculins au singulier et féminins au pluriel.

Un *bel orgue*, de *belles orgues*.

Cependant *amour* est quelquefois masculin au pluriel.

196 . . . . Pourquoi malgré nos chaînes,
Avons-nous combattu sous les *aigles romaines*.
VOLTAIRE.

Aigle, dans le sens d'armoirie, d'enseigne, est féminin ; dans le sens d'oiseau de proie, il est des deux genres, selon qu'il désigne le mâle ou la femelle.

Dans toutes les autres acceptions, il est masculin ; au figuré, il n'est jamais d'un autre genre.

L'*Aigle* d'une maison n'est qu'un sot dans une autre.
GRESSET.

197 Que de pauvres ne pourrait-on pas soulager avec une *couple* d'écus. ANONYME.

Couple est du féminin quand il est employé pour le nombre deux ; mais il est masculin lorsqu'il donne une idée d'union.

Ce fut *un couple* bien assorti.

Un couple d'amis, *un couple* de pigeons.

198 La *foudre* étincelante éclate dans la nue.

Foudre, employé au propre, est du féminin ; au figuré il est masculin.

Le foudre vengeur ; *un foudre* de guerre.

199 Les *anciennes hymnes* de l'église ont le mérite de la simplicité.

Hymne est féminin dans le sens de chant d'église, et masculin quand il se dit d'un chant profane.

Des *hymnes* guerriers.

200 Le premier *œuvre* de Grétry.

OEuvre, recueil de tous les ouvrages d'un musicien, d'un graveur, est masculin. On dit aussi le *grand œuvre*, en parlant de la pierre philosophale. Il est féminin dans ses autres acceptions.

Chacun sera jugé selon ses *bonnes* et ses *mauvaises œuvres.*

On a fait très-belle collection de *toutes les œuvres* de nos grands écrivains.

201 Cette *office* est *grande* et *commode.*

Office est féminin seulement quand il s'agit du lieu où l'on garde ce qui se sert sur la table, ou de l'art de préparer le dessert. Ainsi l'on dit : l'*office divin ;* je vous remercie de vos *bons offices.*

202 Voilà de *belles orges.*

Orge est féminin quand on parle de l'orge qui est sur pied, il est du masculin quand on parle de l'orge en grains.

De l'*orge perlé.*

203 *Personne* n'est *venu.*

Personne employé dans un sens indéfini est masculin, dans un sens défini il est féminin.

C'est une *belle personne.*

Il y a encore d'autres substantifs qui changent de genre en changeant d'acception ; mais l'usage les fera connaître.

Substantifs indéterminés.

ON.

204 *On* croit être aimé et *on* ne l'est pas.

Lorsque dans une phrase il se trouve plusieurs verbes ayant pour sujet *on*, le mot *on* se répète ; mais dans ce cas il faut, pour éviter l'obscurité, le faire rapporter à un seul et même sujet ; par conséquent les phrases suivantes ne sont pas correctes :

On dit que l'*on* a pris telle ville.

On croit être aimé et l'*on* ne vous aime pas.

Il fallait on dit que telle ville a été prise, etc.

205 Et que ne doit-*on* pas à *qui* l'*on* doit la vie.

LE BOURSAULT.

On fait généralement précéder *on* de la lettre euphonique *l'* après les mots *et*, *si*, *ou*, *que* et *qui*, à moins que *on* soit suivi de *le*, *la*, *les*. On dira donc :

je ne veux pas qu'*on le* tourmente, plutôt que : je ne veux pas que *l'on le* tourmente.

206 *On n'*a rien à faire.

Quand *on* précède un verbe négatif, il faut bien se garder de supprimer le *n* qui caractérise la négation, et ne pas écrire : *on a rien à faire.*

Pour s'assurer si le verbe est négatif, on n'a qu'à substituer le pronom personnel *je* au substantif *on*. *Ainsi, j'ai rien à faire* choquerait l'oreille la moins délicate ; on verrait tout de suite que la négation est impérieusement exigée.

L'UN et L'AUTRE.

207 Osons opposer Socrate même à Caton ; l'*un* était plus philosophe et l'*autre* plus citoyen. J.-J. ROUSSEAU.

L'*un* se met pour les personnes et pour les choses dont on a parlé d'abord, l'*autre* pour celles dont on a parlé en dernier lieu. Ici l'*un* se rapporte à Socrate et l'*autre* à Caton.

CHAPITRE III.

L'Adjectif.

208 *Feu* votre nièce m'avait donné cette bague.

L'adjectif *feu* est invariable quand il n'est pas précédé d'un article ou d'un adjectif possessif ; placé après ces mots il s'accorde avec le nom :

Ma feue nièce, *la feue* reine.

209 Il demeure à une *demi-lieue* de la ville.

Les adjectifs *demi* et *nu*, placés devant le substantif, ne prennent ni genre ni nombre ; mais s'ils sont placés après, ils cessent d'être invariables.

Une livre et *demie*. Les pieds *nus*.

Demi est toujours uni par un tiret au substantif qui le suit. Ce mot ne prend jamais la marque du pluriel. Cette phrase : Il a étudié deux ans et *demi*, équivaut à celle-ci : Il a étudié deux ans et un *demi* an. A moins qu'il ne soit employé comme substantif. Cette pendule ne sonne pas les *demies*.

210 *Instruits par l'expérience, les vieilles gens sont soupçonneux.*

Quoique le mot *gens* soit de sa nature masculin, les adjectifs qui le précèdent sont féminins; cependant, si ce mot est suivi d'un déterminatif, comme dans : *gens de bien, gens de lettres*, l'adjectif qui le précède reste au masculin : de *vertueux* gens de lettres.

211 *Tous les honnêtes gens ne sont pas connus.*

Si l'adjectif a la même terminaison pour les deux genres, et qu'il soit précédé de *tout*, *certain*, *quel*, *tel*, ces mots resteront au masculin; dans le cas contraire, ils prendront le genre féminin.

Toutes ces bonnes gens.

Mais si l'adjectif déterminatif précède immédiatement le mot gens, il se met au féminin pluriel. De *telles gens* sont-ils estimables.

212 *On n'est pas toujours jeune et jolie.*

Le substantif *on*, à cause de sa signification vague, est du genre masculin; cependant il y a des circonstances qui marquent si précisément qu'on parle des femmes, que l'adjectif qui accompagne ce substantif prend le genre féminin.

Il en est de même pour le nombre, lorsque le sens indique évidemment que *on* se rapporte à plusieurs personnes, l'adjectif prend la marque du pluriel : *on est tous égaux.*

213 *Elle avait dans ses cheveux des rubans ponceau.*

Dans cette phrase et dans d'autres analogues : des chapeaux *orange*, des robes *bleu clair*, etc., les mots *ponceau, orange, bleu clair* ne sont point adjectifs. ce sont des substantifs qui par ellipse sont joints à d'autres pour les modifier et par conséquent restent invariables; mais on dit des rideaux *cramoisis*, des chapeaux *roses*, parce que ces mots sont passés à l'état d'adjectifs.

214 *Cette femme a l'air fier.*

Dans ces sortes de phrases, l'adjectif doit-il se rapporter au substantif, sujet du verbe, ou au mot *air?* On le fera accorder avec l'un ou l'autre de ces substantifs d'après le sens ; ainsi l'on dira, en parlant d'une femme, elle a *l'air fier*, si l'on ne considère que ses manières, que son air ; mais on dira cette femme a *l'air fière*, si l'on juge d'après ses manières qu'elle a de la hauteur, de la fierté dans le caractère.

En général, si le sujet est un nom de chose, l'adjectif s'accorde avec lui, on dit : cette soupe a l'*air bonne*, il y a ellipse du verbe être.

Cette personne a l'air *content*. (Acad.)
Cette personne a l'air *contente*. (Acad.)
Cette maladie a l'air d'être *sérieuse*. (Acad.)

215 Ces orateurs sont restés *court*.

Il y a un grand nombre d'adjectifs qui sont pris adverbialement, c'est-à-dire qu'ils ne figurent dans la phrase que pour modifier le verbe auquel ils sont joints ; ils sont alors invariables : il a vendu *cher* sa vie, il prit ses mesures si *juste*, etc. ; mais ces mêmes mots s'accordent dans les phrases suivantes : Sous Henri IV on portait des manteaux *courts*. Ces étoffes me paraissent *chères ;* parce qu'ils modifient les noms qu'ils accompagnent.

216 Des enfans *nouveau nés*.
Des blés *clair semés*.

Dans ces expressions les adjectifs *nouveau*, *clair*, sont employés comme adverbes, et par conséquent restent invariables.

Des enfants nouvellement nés.

Mais si le substantif n'est pas exprimé, l'un de ces mots étant pris substantivement, l'autre s'accorde comme un adjectif : des *nouveaux convertis*.

Quant au mot *frais*, comme il change pour le genre, il paraît raisonnable de le faire changer pour le nombre, c'est ainsi que pense l'Académie qui écrit :

Des fruits *frais cueillis*.
Des roses *fraîches cueillies*.

217 L'orgueil aveugle se suppose une *grandeur* et un *mérite démesurés*.

Quand il y a plusieurs substantifs de différents genres, l'adjectif se met au masculin et au pluriel.

Si l'adjectif n'a pas la même terminaison pour les deux genres, l'euphonie veut, en général, que l'on énonce le substantif masculin le dernier ; il serait donc mal de dire :

Les *yeux* et la *bouche* *ouverts*.

218 Le *fer*, le *bandeau*, la *flamme* est toute prête.

RACINE.

Lorsque l'adjectif accompagne plusieurs substantifs dont le dernier explique ceux qui le précèdent, ou est plus énergique, l'adjectif s'accorde avec le dernier.

Le fer, le bandeau, s'effacent devant l'idée de flamme qui doit dévorer une victime innocente et chère.

Il en est de même pour les adjectifs précédés de plusieurs mots à peu près synonymes.

Toute sa vie n'a été qu'un *travail*, qu'une *occupation continuelle*.

Adjectifs possessifs.

219 La plupart des hommes emploient la première partie de *leur vie* à rendre l'autre misérable.

LA BRUYÈRE.

On peut se trouver embarrassé sur le nombre que l'on doit donner à l'adjectif possessif, il faut alors consulter le sens de la phrase. Par exemple : on dira au singulier, ces dames attendent *leur* voiture, si elles n'ont qu'une seule voiture pour plusieurs ; et au pluriel : ces dames attendent *leurs voitures*, si l'on parle de plusieurs dames qui ont chacune une voiture.

Mais l'adjectif possessif restera au singulier employé devant certains substantifs tels que : *conduite*, *bravoure*, *santé*, etc., qui n'ont pas de pluriel, ou du moins ne sont pas pris au pluriel dans la même acception qu'au singulier.

Nous ne pouvons qu'admirer *leur* bravoure.

J'admire Cimon et Aristide ; je vous ferai connaître *leurs vies*.

Je vous ferai connaître *les vies* d'eux, etc.

220 Les langues ont chacune *leurs bizarreries.*

BOILEAU.

On fait usage de *son, sa, ses,* après *chacun,* précédé d'une troisième personne du pluriel, si le verbe a un complément qui précède *chacun.* Ils ont apporté des offrandes, *chacun* selon *ses* moyens.

Mais si le complément se trouvait placé après *chacun,* il faut se servir de *leur, leurs.*

Les langues ont, *chacune, leurs* bizarreries.

Dans ce cas le mot *chacun* forme une incise et doit être placé entre deux virgules.

Les langues ont *leurs* bizarreries, chaque langue a les siennes.

On suit la même règle pour l'emploi des pronoms *le, la, lui,* et de leur pluriel *les, leur,* après le mot *chacun.*

Lorsque le verbe n'a pas de régime *direct,* les bons écrivains emploient quelquefois *son, sa, ses;* quelquefois *leur, leurs,* selon ce qu'ils veulent exprimer.

Des Adjectifs numériques.

221 Les *quarante* de l'Académie. Les *quatre* temps.

Les adjectifs numériques restent invariables ; même quand ils sont employés substantivement.

222 Quatre *vingts* hommes. Deux *cents* chevaux.

Vingt et cent prennent un *s* lorsqu'ils sont précédés d'un nombre qui les multiplie, à moins qu'ils ne soient suivis d'un autre nombre, ou qu'ils ne soient l'abréviation des mots vingtième et centième.

Quatre *vingt* dix hommes. Cinq *cent* vingt hommes, page deux *cent.*

223 Une peste affreuse ravagea la France en *mil* trois cent quarante-huit.

On écrit *mil* dans la supputation des années, jusqu'au deuxième millésime de l'ère chrétienne ; dans tout autre cas on met *mille* : l'an trois *mille* du monde. On verra cela l'an deux *mille* quatre cent quarante.

Il faut observer que *mille* exprimant la quantité est invariable pour le pluriel ; mais employé comme substantif dans le sens de mesure itinéraire, il prend la marque du pluriel.

Les *milles* d'Angleterre sont plus longs que les *milles* d'Italie.

Adjectifs indéterminés.

224 *Aucun* contre-temps ne doit altérer l'amitié.

Aucun, signifiant pas un, n'est usité qu'au singulier, à moins que le substantif auquel il se rapporte ne s'emploie qu'au pluriel :

Il n'a fait *aucuns* frais, *aucuns* préparatifs.

225 *Quelques* amis suivirent ce prince dans son exil.

Quelque est adjectif ou adverbe ; adjectif il accompagne un substantif seul ou précédé d'un adjectif, et ne varie que pour le nombre ; *quelques fidèles* amis.

Adverbe il est invariable et modifie un adjectif ou un adverbe.

Quelque heureusement doués que nous soyons, nous ne devons pas en tirer vanité.

BONIFACE.

Alexandre perdit *quelque trois* cents hommes, lorsqu'il défit Porus.

D'ABLANCOURT.

Il est alors mis pour *si*, *environ*, *à peu près*.

226 *Quels que* soient les humains, il faut vivre avec eux,
Un mortel difficile est toujours malheureux.

GRESSET.

Quel que s'écrit en deux mots (quel que) lorsqu'il est suivi d'un verbe, et alors le premier est adjectif et s'accorde en genre et en nombre avec le sujet du verbe : *quelle que* soit votre intention.

227 *Quelque* temps qu'il fasse, je sortirai demain.

Il ne faut pas employer *quel* et *tel que* pour *quelque*. *Quelque* précède un substantif et régit le mode subjonctif. *Quel* régit aussi le mode subjonctif, mais ne s'emploie pas devant un substantif, on ne dirait pas *quel* temps qu'il fasse ; enfin *tel* ne gouverne pas le mode subjonctif.

Un trône, quel qu'il soit, n'est point à dédaigner.

CRÉBILLON.

L'homme craint de se voir *tel qu'il* est, parce qu'il n'est pas *tel qu'il* devrait être.

FLÉCHIER.

228 Le peuple et les grands n'ont ni les *mêmes* vertus, ni les *mêmes* vices.

VAUVENARGUES.

Même est adjectif ou adverbe, il est adjectif lorsqu'il modifie un substantif ou un pronom en y ajoutant une idée de similitude ou d'identité ; dans ce cas il s'accorde en nombre avec le substantif ou le pronom auquel il est joint.

Les rochers *mêmes* sont sensibles à de touchants accords.

GRESSET.

Les rochers *eux-mêmes*.

229 Une minute est chère, et pour la ménager,
Jusqu'aux syllabes *même* il faut tout abréger.

F. DE NEUFCHATEL.

Même est adverbe lorsqu'il modifie le verbe en y ajoutant une idée d'extension, alors il peut se rendre par *mêmement, de plus, aussi, sans excepter, jusqu'à :* il faut abréger *mêmement* les syllabes.

Il peut être précédé de plusieurs substantifs placés par gradation : les animaux, les plantes même étaient au nombre des divinités égyptiennes. (Vailly) *Jusqu'aux plantes.*

Ou se trouver après un seul substantif ou un pronom autre que le pronom personnel ; il faut ici bien examiner s'il exprime une idée d'extension ou une idée d'identité : ses amis *même* avaient peine à le reconnaître. (Rollin) *Jusqu'à ses amis.*

Car s'il exprimait une idée d'identité ou de similitude, il serait adjectif, comme nous l'avons vu : Les bienfaits mêmes veulent être assaisonnés par des manières obligeantes. (Amelot) *Les bienfaits eux-mêmes.*

230 Employer *tout* son crédit, *toute* son industrie pour servir son ami, c'est remplir un devoir.

Tout est comme *même*, adjectif ou adverbe; adjectif il modifie un substantif et s'accorde avec lui; adverbe, il modifie un adjectif, reste invariable, et signifie *tout-à-fait*, *entièrement*, *quelque* : ce sont des enfants *tout* pleins d'esprit.

231 *Toutes grandes*, *toutes peuplées* que soient nos villes, elles le sont beaucoup moins que celles de la Chine.

L'euphonie rend variable *tout* adverbe lorsqu'il précède un adjectif qui commence par une consonne ou par un *h* aspiré.

232 *Toute* autre place qu'un trône eût été indigne d'elle.
BOSSUET.

Tout accompagné de l'adjectif *autre* demande quelque attention; il faut examiner s'il modifie cet adjectif, alors il reste invariable; ou s'il modifie le substantif exprimé ou sous entendu après *autre*, dans ce cas il s'accorde; *Toute autre* place qu'un trône, etc. c'est-à-dire *toute place autre*, ici il modifie le substantif et s'accorde. Voici de *tout autres* affaires, voici des affaires *tout autres*, tout-à-fait différentes, pas d'accord.

Voilà la paix dont j'ai joui, *toute autre* me paraît une fable et un songe, (Fénelon) sous entendu paix.

233 *Tout* Florence en est abreuvé.

Lorsque *tout* précède un nom de ville, il prend le genre masculin, quoique celui-ci soit féminin, parce qu'il s'accorde avec le nom *peuple* sous-entendu; c'est comme si l'on disait : *tout le peuple* de Florence.

234 Le chien est *tout* zèle, *tout* ardeur, *tout* obéissance.
BUFFON.

Tout est généralement considéré comme adverbe et conséquemment indéclinable, lorsqu'il précède un nom qui sert à en qualifier un autre, un participe présent précédé du mot *en*: elle sortit *tout* en riant; une préposition : elle se tient *tout* de travers.

Place de l'Adjectif.

235 Les gens *simples* sont crédules, sans déguisement, sans malice.

La place de l'adjectif, par rapport au substantif, n'est pas déterminée. L'usage et l'oreille sont, en général, les seuls guides qu'on doive suivre ; cependant il y a des circonstances où la place de l'adjectif en modifie la signification.

Un *grand* homme est un homme d'un grand mérite moral.

Un homme *grand* est un homme d'une grande taille.

Un homme *honnête* est un homme qui a de la politesse.

Un *honnête* homme est un homme qui a de la probité.

Emploi de l'Adjectif.

236 Cette faute est *impardonnable*.

Il y a des adjectifs qui ne conviennent qu'aux personnes, comme : *consolable*, *inconsolable*, *intelligent;* d'autres qui ne peuvent s'appliquer qu'aux choses, tels que : *pardonnable*, *déplorable*, etc.; d'autres qui s'appliquent aux personnes et aux choses, comme : *admirable*.

Lorsque l'adjectif dérive d'un verbe, il faut examiner si ce verbe peut avoir un nom de personne pour complément direct ; ainsi l'on dira cette personne est *admirable*, parce que l'on peut dire admirer quelqu'un; mais comme on ne dit pas pardonner quelqu'un, mais pardonner quelque chose à quelqu'un, l'adjectif *pardonnable* ne peut convenir qu'aux choses ; par conséquent *pardonné* peut s'appliquer aux personnes, mais seulement avec un régime indirect, *j'ai pardonné* à ma fille.

237 Ce père est *utile* et *cher* à sa famille.

Un substantif peut être régi par deux adjectifs, pourvu que les rapports qui les lient soient exprimés par la même préposition.

Ce père est *utile* et *cher* à sa famille, est une phrase correcte, parce que les adjectifs *utile* et *cher* régissent la même préposition : on dit *utile à*, *cher à*, mais on ne pourrait pas dire cet homme est *utile* et *chéri* de sa famille, parce que *utile* et *chéri* ne veulent pas après eux la même préposition : dans ce cas, il faut appliquer à chaque adjectif le régime qui lui convient, cet homme est *utile* à sa famille et en est *chéri*.

CHAPITRE IV.

De l'Article.

238 Jusqu'à l'âge de sept ans, l'enfant chez les Spartiates était laissé aux soins *du* père et de *la* mère.

BARTHELEMY.

L'article doit être répété avant chaque substantif; ce serait une faute de dire : *les père* et *mère*, etc.

Cette règle s'applique à tous les mots qui tiennent lieu de l'article. Il faut donc dire, *son* père et *sa* mère et non *ses* père et mère.

Cependant on peut ne point répéter l'article devant chaque substantif, lorsque la liaison des idées ou le besoin d'être rapide en fait une loi, et dire avec Buffon, *les père* et *mère* continuent de les nourrir et de veiller sur eux; avec J. J. Rousseau, il ne faut pas que les prix et récompenses soient distribués arbitrairement, et avec M. Cousin, le minimum des leçons de toute école populaire est de cinq leçons d'une heure chaque jour, *les lundi*, *mardi*, *jeudi* et *vendredi*.

239 Je me suis servi *du* grand papier qui était au magasin.

Je me suis servi *de* grand papier.

Après la préposition *de* on doit employer l'article avant tous les substantifs communs pris déterminément; mais on ne doit jamais en faire usage avant ceux qu'on prend indéterminément.

240 **Avez-vous *des* livres, *des* plumes, *de* l'encre, *du* papier.**

On emploie l'article après la préposition *de* devant les substantifs pris dans un sens partitif; avez-vous *des* livres? c'est-à-dire *quelques* livres, etc.

Si ce substantif partitif est suivi d'un adjectif, il conserve l'article : J'ai mangé *de la* crême *excellente*; mais si l'adjectif précède le substantif on retranche l'article : Elle nous a fait manger d'*excellente* crême, à moins que le substantif ne soit suivi d'un autre déterminatif : Elle nous a fait manger *de l'excellente* crême dont vous avez mangé ce matin.

241 *Pauvreté* n'est pas vice.

On supprime l'article.

1° Dans les phrases proverbiales ou sentencieuses.

2° Dans les énumérations lorsqu'on veut s'exprimer avec le plus de rapidité possible et rendre l'expression plus énergique.

> *Tombeaux*, *trônes*, *palais*, tout périt, tout s'écroule.
> DELILLE.

3° Lorsqu'on apostrophe des personnes ou des choses.

> *Flatteuse illusion ! Doux oubli* de nos peines !
> Oh ! qui pourrait compter les heureux que tu fais !
> COLLIN D'HARLEVILLE.

242 C'est sur le dos que les sangliers ont la peau *le plus* dure.

Dans cet exemple, l'article qui précède *plus* est pris adverbialement, et par conséquent n'est susceptible d'aucune distinction de genre ni de nombre : C'est sur le dos que le sanglier a la peau *le plus* dure, signifie qu'il a la peau dure *le plus*, au plus haut degré.

Si l'on avait dit c'est le sanglier qui a la peau *la plus* dure, on aurait établi une comparaison entre la peau du sanglier et celle d'autres animaux, dans ce cas l'article s'accorde avec le substantif; ainsi, en parlant d'une femme, on dit : dans une fête elle était *la plus* belle, *la plus* jolie, mais on devrait dire c'est dans son négligé qu'elle est *le plus* jolie.

CHAPITRE V.

Du Pronom.

243 Voilà l'homme, en effet, *il* va du blanc au noir ;
Il condamne au matin ses sentiments du soir.
BOILEAU.

Le pronom s'accorde en nombre, en genre et en personne avec le nom qu'il rappelle.

Il faut observer de ne pas exprimer les pronoms *il*, *elle*, etc. devant le verbe, lorsque le sujet de ce verbe a déjà été énoncé. Ainsi l'on ne dira pas : l'ami que j'attendais, *il* n'est pas arrivé. Il faut dire *n'est* pas arrivé.

244 Molière a surpassé Plaute dans tout ce qu'*il* a fait de meilleur.

Dans l'emploi du pronom, ce qu'il faut surtout éviter, ce sont les équivoques; ici on ne sait pas d'abord si Molière, dans tout ce qu'*il* a fait de meilleur, a surpassé Plaute, ou si Plaute, dans tout ce qu'il a fait de meilleur, a été surpassé par Molière; il fallait, dans tout ce que *celui-ci* a fait de meilleur.

Soi, comparé avec lui, elle, eux.

245 On a souvent besoin d'un plus petit que *soi*.
LA FONTAINE.

On fait usage de *soi* dans les propositions générales ou indéterminées.

246 Ce jeune homme, en remplissant les volontés de son père, travaille pour *soi*.

Soi se rapportant à des personnes peut aussi s'employer dans les propositions qui présentent un sens déterminé, lorsque l'emploi de *lui* ou de *eux* pourrait donner lieu à une équivoque, car si on disait travaille pour *lui*, on ne saurait si le jeune homme travaille pour lui ou pour son père.

En et y comparés avec lui, elle, eux.

247 **J'ai connu le malheur, et j'*y* sais compâtir.**

GUICHARD.

En général les pronoms *en* et *y* s'emploient pour les choses, *lui, elle, leur, eux*, se disent des personnes.

L'usage permet de dire je connais cet homme et je ne m'*y* fie pas. On se sert aussi de *y* dans les réponses aux interrogations.

Pensez-vous à moi? j'*y* pense.

Le, la, les comparés avec lui, elle, eux.

248 Est-ce là votre appartement? ce *l'*est.

S'il est question d'êtres inanimés, comme dans cet exemple, on doit répondre par *ce l'est, ce les sont.* Parle-t-on au contraire de personnes, on emploie *c'est lui, c'est elle*, etc.

Est-ce votre père? Oui *c'est lui*.

249 Je *les* empêcherai de partir.

Ce serait une faute de dire : je leur empêcherai, parce qu'on dit empêcher quelqu'un et non empêcher à quelqu'un.

Ce serait aussi une faute de retrancher le régime direct d'un verbe transitif : il veut un bouquet, dites : je *le lui* donnerai et non je lui donnerai.

250 **Les *belles* choses *le* sont moins hors de leur place.**

LA BRUYÈRE.

Le pronom *le* doit rester invariable lorsqu'il tient la place d'un adjectif, d'un verbe ou d'une proposition ; mais il s'accorde s'il remplace un substantif ou un adjectif pris substantivement.

D'après cela, aux questions suivantes :	Il faut répondre :
Êtes-vous la mariée ?	— Je *la* suis.
Êtes-vous la maîtresse du logis ?	— Je *la* suis.

Êtes-vous les héritiers du défunt ? — Nous *les* sommes.
Êtes-vous mariée ? — Je *le* suis.
Êtes-vous maîtresse du logis ? — Je *le* suis.
Êtes-vous héritiers du défunt ? — Nous *le* sommes.

De la place des pronoms personnels employés comme compléments.

251 Les fautes, même légères, que commettent mes enfants, je ne *les leur* passe pas.

Lorsque le verbe est accompagné de deux pronoms régimes, *le, la, les* se placent toujours après les pronoms régimes indirects, *me, te, se, nous*, etc. excepté *lui* et *leur* qui en sont précédés.

Je *vous le* dis encore, vous n'aurez l'estime des hommes que par une solide vertu.

Mme DE MAINTENON.

252 *Mets-le toi* dans l'esprit : qui fait mal trouve mal.

Si le verbe est à l'impératif, les deux compléments se transportent immédiatement après le verbe, *le* précède *moi, toi, lui, leur* : Vos amis ont-ils des vices, reprochez-*les*-*leur*. Pardonnez-*les*-*nous*.

S'il y a négation, ces mêmes compléments se placent avant le verbe ; on emploie *me, te*, au lieu de *moi, toi*, et les mots *le, la, les* se mettent alors après le complément indirect : ne *me l'*enviez pas. Excepté *lui* et *leur* qui doivent toujours en être précédés.

Un pauvre vous demande-t-il l'aumône ? ne *la lui* refusez pas.

Pronoms conjonctifs.

253 Un auteur *qui* est sensé, *qui* sait bien sa langue, *qui* médite bien son sujet, *qui* travaille à loisir, est presque sûr du succès.

GIRAUD-DUVIVIERS.

Les pronoms conjonctifs et en général tous les pronoms doivent, lorsqu'ils sont répétés dans une suite de propositions, se rapporter au même substantif, comme dans l'exemple ci-dessus, autrement la phrase est obscure et équivoque. Ainsi, j'ai lu avec plaisir cet *ouvrage*, *qui* a été composé par une *personne*, *qui* est versée dans les *sciences*, *qui* ont pour objet l'étude de la nature, est une phrase vicieuse, parce que le premier *qui* se rapporte à *ouvrage*, le second à *personne* et le troisième à *science*.

Remarque. Les pronoms conjonctifs doivent être placés à la suite ou à peu de distance de leurs antécédents ,surtout si une autre construction présentait un sens équivoque. Il ne faudrait donc pas dire :

J'achèterai une maison dans cette ville, *qui* est bien bâtie.

Comme *lequel* marque le genre et le nombre, on en fait usage au lieu de *qui*, *que*, etc., pour prévenir les équivoques.

254 C'est de vous *que* je parle.

Ne dites pas : C'est *de* vous *dont* je parle, c'est à vous *à qui* je parle, parce qu'un même rapport ne peut se trouver répété deux fois dans la même proposition.

Dites : C'est vous *dont* je parle.
C'est vous *à qui* je parle.

Pronoms démonstratifs.

***Ceci*, *cela*, *celui-ci*, *celle-là*.**

255 **Tel est l'avantage ordinaire qu'ont sur la beauté les talents; *ceux-ci* plaisent dans tous les temps, *celle-là* n'a qu'un temps pour plaire.**

Voltaire.

Ceci et *celui-ci* se rapportent à une chose qui est proche, ou à ce qui a été dit en dernier lieu ; tandis que *cela* et *celui-là* se rapportent à un objet un peu éloigné; supposons qu'il soit question de deux livres placés sur une table, mais l'un à l'extrémité de la table, et l'autre presque sous ma main, je dirai, en parlant du dernier, donnez-moi *celui-ci* (le plus près), et en parlant de l'autre, donnez-moi *celui-là* (le plus loin).

CHAPITRE VI.

Accord du Verbe avec son sujet.

256 La religion *veille* sur les crimes secrets, les lois *veillent* sur les crimes publics.

Le verbe s'accorde avec son sujet en nombre et en personne.

257 L'or et l'argent s'*épuisent*, mais la vertu, la constance et la pauvreté ne s'*épuisent* jamais.

MONTESQUIEU.

Lorsque le verbe a deux ou plusieurs sujets liés par *et*, on le met à la troisième personne du pluriel. D'après le même principe, on dit généralement :

L'un et l'autre *viendront* avec moi.

Ni l'un ni l'autre n'*ont* fait leur devoir.

Cependant on fait usage du singulier dans ces phrases :

Ni l'un ni l'autre n'*est* mon père.

Ce ne *sera* ni M. le duc, ni M. le comte qui *sera* nommé ambassadeur d'Espagne.

Parce qu'on n'a qu'un père, parce qu'il ne doit y avoir qu'un ambassadeur en Espagne, et qu'alors l'action ne tombe que sur l'un des deux sujets.

258 La *douceur*, la *bonté* du grand Henri *a été* célébrée par mille louanges.

PELISSON.

Lorsqu'un verbe est précédé de plusieurs substantifs qui ne sont pas liés par *et*, il s'accorde avec le dernier substantif.

1° Quand les substantifs ont une sorte de synonymie, parce qu'alors il y a unité dans la pensée.

Ce sacrifice, votre intérêt, votre honneur, *Dieu* vous le *commande*.

2° Lorsque l'esprit s'arrête sur ce substantif, soit parce qu'il a plus de force que ceux qui le précèdent, soit parce qu'il est d'un tel intérêt qu'il fait oublier tous les autres.

Mais si l'action ou la manière d'être exprimée par le verbe peut convenir à plusieurs sujets à la fois, le verbe se met au pluriel.

> On part : l'*air* du matin, la *fraîcheur* de l'aurore,
> *Appellent* à l'envi les disciples de Flore.
>
> DELILLE.

259. Femmes, moines, vieillards, *tout* était descendu.

LA FONTAINE.

Le verbe se met au singulier malgré les substantifs qui le précèdent, si une expression, telle que : *chacun*, *personne*, *nul*, *rien*, *tout*, réunit tous les sujets en un seul; ou si la conjonction adversative *mais* est placée avant le dernier sujet singulier.

Non seulement tous ses honneurs et toutes ses richesses, *mais toute sa vertu* s'évanouit.

260 La vertu *de même que* le savoir *a* son prix.

Dans les phrases où deux substantifs ou bien deux propositions sont liés par une des conjonctions : *de même que*, *aussi bien que*, *comme*, et autres semblables, c'est avec le premier substantif que l'accord a lieu, parce qu'il n'y a pas addition de plusieurs substantifs, mais comparaison.

Le substantif placé après la conjonction est le sujet d'un verbe sous-entendu.

261 Le bien *ou* le mal se *moissonne*,
Selon qu'on sème ou le mal ou le bien.

LAMOTTE.

Quand un verbe se rapporte à plusieurs sujets singuliers unis par la conjonction *ou*, ce verbe se met ordinairement au singulier, parce que la conjonction *ou* marque l'exclusion de l'un des deux sujets.

Cependant lorsque plusieurs sujets concourent à faire une action habituelle, tour à tour ou dans différentes circonstances, le verbe se met au pluriel. Buffon a dit en parlant de la souris :

La peur *ou* le besoin *font* tous ses mouvements, c'est-à-dire ses mouvements sont produits

tantôt par la peur, tantôt par le besoin.
Cette règle s'applique à *l'un ou l'autre*.

262 *Vous* et *moi* nous *sommes* contents de notre sort.

L'ACADÉMIE.

Quand le verbe a plusieurs sujets de différentes personnes, il se met au pluriel et s'accorde avec la personne qui a la priorité.

La première personne a la priorité sur la seconde, et la seconde personne sur la troisième.

Qui *sujet*.

263 C'est nous *qui avons* sollicité vos juges.

Le pronom *qui* prend le nombre et la personne du nom ou du pronom auquel il se rapporte, et les communique au verbe dont il est le sujet.

Accord du Verbe avec les substantifs collectifs.

264 On cite des femmes spartiates, une *foule* de *mots* qui *annoncent* le courage et la force.

THOMAS.

Lorsqu'un substantif collectif se trouve suivi d'un autre nom, il est difficile de connaître avec lequel des deux le verbe doit s'accorder; il faut bien se pénétrer de ce que l'on veut exprimer, car le sens est alors le seul guide.

Une *foule* d'hommes encombrait la rue.

Dans le premier exemple, ce sont les mots qui annoncent le courage et la force, c'est le substantif qui est sujet, parce que c'est lui qui occupe la pensée. Dans le second, le sujet est la *foule*, car c'est parce qu'il y avait une foule, que la rue était encombrée.

265 La *plupart* des hommes se souviennent bien mieux des services qu'ils rendent que de ceux qu'ils reçoivent.

SCUDERY.

Après les expressions collectives, telles que *la plupart, beaucoup, peu, combien, assez*, le verbe s'accorde avec le complément, exprimé ou sous-entendu, de ces expressions.

Accord avec ce.

266 *Ce* ne *sont* ni les arts, ni les métiers qui peuvent dégrader l'homme, *ce sont* les vices.

BERNARDIN DE ST-PIERRE.

Le verbe *être* précédé de *ce* se met au pluriel s'il est suivi d'une troisième personne du pluriel qui soit le sujet logique du verbe *être*.

Les arts et les métiers ne sont pas pouvant dégrader l'homme, etc.

Mais on dit *c'est vous*, *c'est nous;* parce que *vous* et *nous* ne sont pas de la troisième personne.

Les bons écrivains ont quelquefois mis le verbe au singulier, en le faisant accorder avec le sujet grammatical *ce*.

Ce n'est pas les *Troyens*, c'est Hector qu'on poursuit.

RACINE.

C'est donc les *dieux* et non pas la mer qu'il faut craindre.

FÉNELON.

Généralement aujourd'hui on préfère le pluriel, cependant on dit toujours, avec le singulier, *c'est dix heures* qui sonnent.

267 L'aliment de l'âme, *c'est* la vérité et la justice.

FÉNELON.

Mais le verbe *être* précédé de *ce* se met généralement au singulier lorsqu'il est suivi de plusieurs substantifs ou plusieurs pronoms du singulier. Le pluriel ne serait cependant pas une faute; car de grands écrivains en ont fait usage.

C'étaient du café et de la cannelle.

VOLTAIRE.

Il est même préférable lorsque la phrase est la réponse à une question :

Quelles sont les trois vertus théologales?

Ce sont la foi, l'espérance et la charité.

CONDILLAC.

268 *C'est des contrastes* que résulte l'harmonie du monde.

BERNARDIN DE SAINT-PIERRE.

Le verbe *être* précédé du pronom *ce* et uni à un substantif pluriel par une préposition, se met au singulier lorsqu'il y a inversion dans la phrase, parce qu'alors *ce* substantif n'est pas le sujet du verbe être, mais le complément d'un second verbe.

Ainsi dans l'exemple ci-dessus, l'ordre direct est :

L'harmonie résulte des contrastes.

Mais dans la phrase suivante le verbe *être* se met au pluriel, parce qu'il a pour sujet le substantif qui suit la préposition.

Ce sont de bonnes pensées que celles qui portent au bien, car le sens est *les pensées* (qui portent au bien) sont bonnes.

269 *Est-ce* les Anglais que vous aimez?

Dans les phrases interrogatives, lorsque le verbe pluriel choquerait l'oreille, comme si l'on disait : *furent-ce* les Romains qui vinquirent? on doit prendre un autre tour, ou employer le verbe au singulier, comme dans le premier exemple.

Les bons auteurs emploient le pluriel lorsque l'oreille n'est pas blessée.

D'un courage naissant *sont*-ce là les essais?

Du complément des Verbes.

270 Le souverain créateur *préside* et *règle* le mouvement des astres.

Lorsque le même complément ne peut servir à plusieurs verbes, il faut donner à chacun d'eux le complément qui lui convient.

Ainsi cette phrase est vicieuse, parce que chacun des verbes exige un complément différent; il fallait dire : le souverain créateur préside au mouvement des astres et le règle.

271 Ne *vous* informez pas *ce que* je deviendrai.

RACINE.

Un verbe peut avoir deux compléments, l'un direct, l'autre indirect, et il faut avoir soin de lui donner les compléments qu'il exige.

Racine n'aurait donc pas dû dire :

Ne *vous* informez pas *ce que* je deviendrai.

Ni Boileau :

C'est *à vous* mon esprit *à qui* je veux parler.

Parce que dans le premier vers *vous* et *ce* forment deux compléments directs, et que dans le second *à vous* et *à qui* forment deux compléments indirects. Il aurait fallu : ne *vous* informez pas *de ce que* je deviendrai, et : c'est à vous mon esprit *que* je veux parler.

Ces difficultés ont déjà été traitées au chapitre des pronoms.

272 L'ambition qui est prévoyante sacrifie le *présent* à l'*avenir*. TERRASSON.

Lorsqu'un verbe a deux compléments, le plus court se place ordinairement le premier ; mais si les compléments sont de la même longueur, le complément immédiat se place avant le complément médiat.

Ici le complément immédiat (le présent) est le premier parce qu'il est de la même longueur ; mais dans la phrase suivante :

Préférons à la fortune *une vie tranquille et douce*.

Le complément immédiat, *une vie tranquille et douce*, est le dernier, parce qu'il est le plus long.

DU PARTICIPE.

Participe présent.

273 L'autre esquive le coup, et l'assiette *volant*,
S'en va frapper le mur, et revient en *roulant*.
BOILEAU.

Le participe présent offre plusieurs difficultés qui viennent de sa ressemblance parfaite, quant à la forme, avec l'adjectif verbal.

Si le mot en *ant* sur la nature duquel on a des doutes, peut se décomposer par un autre temps du verbe, précédé du *qui* relatif, ou de l'un de ces mots : *lorsque*, *puisque*, *parce que*, c'est un participe.

Ainsi dans cette phrase, comme on peut dire : l'assiette *qui volait*, *volant* est un participe, et par conséquent invariable comme verbe au mode indéfini.

274 Des esprits bas et *rampants* ne s'élèvent jamais au sublime. GIRARD.

Si le mot en *ant*, qui présente du doute, peut se construire avec un des temps du verbe être, précédé du relatif *qui*, ce mot est un adjectif verbal, puisqu'il est dans la nature de tout adjectif de pouvoir être précédé de ce verbe exprimé ou sous-entendu ; en conséquence, comme on peut dire des esprits qui sont *rampants*, *rampant* est un adjectif verbal et s'accorde avec le nom qu'il qualifie.

Le participe présent exprime, de même que tous les verbes, une action faite par le mot qu'il modifie, comme : *allant*, *marchant*, *frappant*, ou une opération de l'esprit, comme : *pensant*, *désirant*.

L'adjectif verbal exprime une qualité, une disposition à agir, plutôt qu'une action, et une manière d'être permanente.

J'ai vu cette mère *caressant* son fils.

Cette mère est *caressante*.

Du participe passé.

275 Les méchants ont bien de la peine à demeurer *unis*. FÉNELON.

Le participe passé, employé sans auxiliaire, ou accompagné du verbe être, s'accorde, comme l'adjectif, en genre et en nombre, avec le substantif ou le pronom qu'il modifie.

Je ne vois rien, ici, dont je ne sois *blessée*. *Bérénice* de Racine.

276. Vous trouverez *ci-inclus* mes deux lettres.

Les participes *attendu*, *vu*, *supposé*, *excepté*, *y compris*, *ci-joint*, *ci-inclus* sont invariables, lorsqu'ils précèdent le substantif qu'ils qualifient, parce qu'alors ils sont considérés comme des espèces de préposition.

Mais on doit dire : des évènements *attendus*, vous trouverez mes deux lettres *ci-incluses*, parce que les participes *attendus*, *ci-incluses*, sont placés après le substantif qu'ils modifient.

277 Les solides trésors sont ceux *qu'*on a *donnés* (1).

RACINE fils.

Le participe passé construit avec *avoir* s'accorde toujours avec son complément immédiat, si ce complément le précède, et reste invariable si le complément est placé après. Ainsi on dira avec accord :

La leçon *que j'ai apprise*, et sans accord : j'ai *appris la leçon*.

D'après cette règle tout participe passé d'un verbe qui n'a pas de complément immédiat, doit aussi rester invariable : ils ont *chanté*, elle a *répondu*.

Du participe passé entre deux que.

278 La lettre *que* j'ai *présumé que* vous recevriez est enfin arrivée.

Tout participe précédé d'un *que* pronom conjonctif et suivi immédiatement de la conjonction *que* est invariable, par la raison que la proposition subordonnée est toujours le complément direct du participe. En effet, j'ai présumé quoi? *que vous recevriez la lettre*. Dans ces sortes de phrases le pronom *que* est, comme on le voit, le complément du verbe qui suit le participe.

L'analyse prouve également qu'on doit écrire sans accord un participe précédé du pronom *que* et suivi d'un infinitif exprimé ou sous-entendu.

(1) Voir les exercices.

Les choses que j'ai *cru* faire, j'ai cru quoi? faire les choses.

Il a eu de la cour toutes les grâces qu'il a *voulu* (sous-entendu avoir).

Il a voulu quoi? avoir toutes les grâces.

Participe passé suivi d'une préposition et d'un infinitif.

279 La plante mise en liberté garde l'inclinaison qu'on *l'a forcée* à prendre. J.-J. ROUSSEAU.

Il faut, ici, soigneusement examiner si le complément direct appartient au participe ou à l'infinitif. Dans le premier cas le participe varie, dans le second il reste invariable.

On a forcé quoi? la plante à prendre une inclinaison; il y a accord; mais dans cet exemple :

Il se trouva hors de la route qu'il avait *résolu* de suivre. BOURDALOUE.

Point d'accord, parce qu'il n'avait point résolu la route; mais il avait résolu de suivre la route.

On reconnaît qu'il y a accord, lorsque le substantif peut se placer entre le participe et la préposition.

Les leçons *que* j'ai *eues* à apprendre.

J'ai *eu les leçons* à apprendre.

Participe passé suivi d'un infinitif sans préposition.

280 Ces acteurs, je les ai *vus jouer*, et je les ai même *entendu siffler*.

Lorsqu'un participe est suivi d'un infinitif sans préposition, il faut examiner auquel du participe ou de l'infinitif appartient le régime direct; si l'infinitif est un verbe transitif, nulle difficulté, puisqu'il ne saurait avoir un régime direct.

Il n'y a de difficulté que dans le cas où l'un et l'autre sont transitifs, parce qu'alors il faut décider auquel des deux appartient le régime direct.

Le complément appartient au participe lorsqu'il est le sujet actif de l'infinitif, et par conséquent il y a accord ; dans le cas contraire il appartient à l'infinitif.

Ainsi j'ai vu quoi ? les acteurs jouant, *qui jouaient*, ils faisaient l'action exprimée par l'infinitif, le participe s'accorde.

Mais j'ai entendu quoi ? *siffler les acteurs*. Les acteurs ne faisaient pas l'action, ils la supportaient, pas d'accord.

281 Je les ai *fait passer*.

Le participe *fait* suivi d'un infinitif est toujours invariable, parce qu'il forme avec l'infinitif un sens indivisible.

Participe précédé du pronom en.

282 Je sais que vous aimez les fleurs, *j'en ai cueilli* pour vous.

Le pronom *en*, qui précède le participe, peut être complément direct ou complément indirect. S'il est complément direct le participe ne varie pas, parce que le mot *en* est considéré comme le complément médiat d'une expression sous-entendue ; ainsi : j'ai cueilli une *certaine quantité* de ces fleurs, *en* est mis pour *de ces fleurs*, et détermine *quantité*.

Si le pronom *en* est complément médiat, il n'influe nullement sur le participe qui s'accorde avec son complément immédiat s'il en est précédé.

Il avait une jolie maison, il a dissipé follement tous les revenus *qu'il en a retirés*. Il a retiré quoi ? *les revenus* de la maison.

283 *Combien* Dieu *en* a-t-il *exaucés !*

MASSILLON.

Le participe passé, précédé du pronom *en*, varie quand ce pronom, complément déterminatif d'une expression de quantité, représente un substantif pluriel dans une phrase affirmative ou exclamative.

Quant aux sottes gens, *plus j'en* ai *connus, moins j'en* ai *estimés.* DESSIAUX.

L'accord n'a pas lieu si l'adverbe de quantité suit le participe.

Le glaive a tué bien des hommes,
La langue *en a tué bien plus.*
FRANÇOIS DE NEUFCHATEAU.

Dans les phrases interrogatives on écrit sans faire varier le participe :

Des pages *combien en* avez-vous *fait?*

Parce que la pensée ne se porte point sur les pages faites, mais sur la quantité, sur le nombre qui a été fait.

Participe des Verbes unipersonnels.

284 Les chaleurs qu'*il a fait.*

Le participe passé du verbe unipersonnel est toujours invariable. *Il a fait* est un gallicisme qui équivaut à *ont existé :* les chaleurs qui *ont existé.*

Participe passé se rapportant au pronom le *tenant la place d'un adjectif ou d'une préposition.*

285 Cette histoire est plus intéressante que je ne *l'avais pensé.*

Ici le pronom *le* ne représente pas l'histoire, mais seulement l'adjectif *intéressante;* ce qui le prouve, c'est qu'on ne dirait pas :

Ces histoires sont plus intéressantes que je ne *les* avais pensé.

Le pronom *le* signifie *cela,* et tient la place, ou d'un adjectif, ou d'un verbe, ou de tout un membre de phrase. Par conséquent le participe qui est précédé de ce pronom doit rester au masculin singulier, car le substantif seul communique l'accord.

Participe passé précédé de le peu.

286 Le peu d'affection que vous lui avez *témoignée* lui a rendu le courage.

Le peu d'affection que vous lui avez *témoigné* lui a ôté le courage.

Quand le participe est précédé des mots *le peu* suivis d'un substantif, il s'accorde avec celui de ces deux mots qui est le plus en rapport d'idée avec lui.

Dans le premier exemple, on veut faire entendre qu'on a témoigné de l'affection peu, en petite quantité, à la vérité ; mais enfin on en a témoigné, *le peu* n'est donc là qu'une circonstance, l'affection occupe réellement la pensée, et c'est pour cela que ce substantif détermine l'accord du participe.

Dans le second, il n'y a point du tout de confiance. Le mot *peu* y est employé par euphémisme (on appelle euphémisme une tournure particulière employée pour parler avec politesse) dans le sens d'insuffisance, de négation, et c'est lui qui occupe la pensée et qui détermine l'accord du participe.

Participe passé employé dans les temps composés des verbes réfléchis.

287 Elle s'est regardée dans la glace.
Ils se sont parlé.

Dans les verbes réfléchis, le verbe *être* est employé pour le verbe *avoir*, le participe s'accorde avec son complément immédiat suivant les règles, ou rentre dans les observations qui en dépendent.

Il faut donc seulement remplacer *être* par *avoir* dans la question à faire pour trouver le complément.

Elle a *regardé* qui ? *se* ou *soi*.
Ils ont *parlé* à qui ? à *eux*.

Se, mis pour *à eux*, est donc un complément médiat, par conséquent point d'accord.

Emploi des auxiliaires être *et* avoir.

288 En deux jours la rivière *a crû* de deux pieds.
Depuis hier la rivière *est crue* de deux pieds.

Le verbe *avoir* sert à former les temps composés

des verbes qui énoncent l'action, et le verbe *être*, des temps composés des verbes qui expriment l'état.

La plupart des verbes intransitifs prennent l'auxiliaire *avoir*, quelques-uns n'ont que l'auxiliaire *être*, et d'autres tels que : *aller*, *naître*, *devenir*, *parvenir*, etc. prennent *avoir* ou *être* selon le sens qu'on veut exprimer.

La rivière *a crû* depuis hier, signifie l'action des eaux qui se sont élevées au dessus des eaux de la veille; mais la rivière *est crue* veut dire seulement que les eaux sont dans un état d'élévation supérieur à celui où elles étaient auparavant.

Cette personne a *changé* d'avis.

Cette femme *est* bien *changée* depuis sa dernière maladie.

EMPLOI DES MODES.

Infinitif.

289 Il vaut mieux *être* malheureux que criminel.

Toutes les fois que l'infinitif ne présente pas d'équivoque, il doit être préféré à l'indicatif et au subjonctif, parce qu'il débarrasse la phrase d'une foule de petits mots dont l'emploi fréquent rend la construction louche et languissante; voilà pourquoi la phrase que nous venons de citer est préférable à celle-ci : il vaut mieux *qu'on soit* malheureux que criminel.

290 Dieu nous a créés pour *travailler*.

Tout infinitif présent précédé d'une préposition, doit toujours se rapporter d'une manière claire et précise, soit au sujet de la proposition, soit au complément immédiat, soit au complément médiat.

L'infinitif *travailler* se rapporte au régime direct *nous*.

La vie est faite *pour travailler* est une proposition vicieuse, *pour travailler* ne se rapporte pas au sujet du verbe; car la vie ne travaille pas; mais il est en rapport avec *nous*, qui n'est pas dans la phrase, ce qui est essentiellement incorrect.

Il faut éviter d'employer plus de trois infinitifs à la suite l'un de l'autre comme dans : Il ne faut pas *croire pouvoir le faire sortir*, expression traînante et désagréable ; mais on peut dire : je crois *pouvoir aller le chercher*.

Présent de l'indicatif.

291 Dieu *est* éternel.

Le présent marque qu'une chose est ou se fait dans le moment de la parole : *j'écris* ; cependant on l'emploie pour marquer des choses qui sont et qui seront toujours vraies.

292 Je *suis* de retour dans un moment.

MOLIÈRE.

On l'emploie aussi pour le futur et le passé, afin de donner plus de vivacité au discours ; toutefois cet emploi n'a lieu que relativement à un futur prochain ; car on s'exprimerait mal, si l'on disait je *succède* à mon père dans deux ans.

Il faut observer que les verbes qui sont en rapport dans la phrase, doivent être au même temps ; ainsi l'on ne doit pas dire : il vole à sa rencontre et l'*embrassa*.

Imparfait.

293 Je *pensais* à vous quand vous êtes entré.

L'imparfait marque une chose faite dans un temps passé, mais comme présente à l'égard d'une chose faite dans un temps également passé.

Prétérit défini.

294 Je *passai* tout l'été dernier à la campagne.

Le *prétérit défini* et le *prétérit indéfini* ne s'emploient pas indifféremment l'un pour l'autre.

On ne doit se servir du *prétérit défini* que pour exprimer un temps absolument écoulé, et qui soit éloigné au moins d'un jour de celui où l'on parle.

Ainsi, vous ne direz pas : je *reçus* ce matin la visite de madame votre mère, parce que ce matin fait partie du jour où l'on est encore.

Prétérit indéfini.

295 *J'ai écrit* hier à Isabelle, et *j'ai vu* sa mère ce matin.

Le *prétérit indéfini* se dit également d'une période de temps entièrement écoulée et de celle où l'on est encore. Il s'emploie quelquefois pour un futur antérieur. On dit : *J'ai* fini dans un moment, pour j'aurai fini.

Subjonctif.

296 *J'irai* dans une retraite où je *serai* tranquille.
J'irai dans une retraite où je *sois* tranquille.

Dans le premier exemple, le verbe de la proposition subordonnée est à l'indicatif, parce que celui qui parle veut exprimer une idée positive, il connaît la retraite qu'il habitera.

Dans le second, le même verbe est au subjonctif, par la raison contraire; celui qui parle veut exprimer quelque chose d'incertain, de douteux, il ira dans une retraite où il espère être tranquille.

297 Je crains, je tremble, j'appréhende, j'ai peur qu'il ne *vienne*.

Le subjonctif est le mode du désir, de la crainte et du commandement ; ainsi le verbe de la proposition subordonnée se met au subjonctif, quand le verbe de la proposition principale exprime le désir, la crainte ou le commandement, parce qu'alors ce verbe ne marque rien d'affirmatif.

Je *souhaite* qu'il *arrive* demain. Je *veux* qu'il *travaille*.

298 Il partira quoiqu'il *soit* malade.

On emploie le subjonctif après les expressions *quoique*, *bien que*, *encore que*, et plusieurs autres conjonctions que l'usage fait connaître.

299 L'évangile est le plus beau présent que Dieu *ait* pu faire aux hommes.

On met le verbe au *subjonctif* lorsqu'il est précédé d'une expression superlative, comme : *le plus, le meilleur, le moins, le mieux, le premier, le seul,* etc., ou lorsqu'il correspond à l'un des adjectifs ; *nul, aucun, premier, dernier,* etc.

Les intérêts de la vanité sont les *derniers* qu'on *doive* ménager.

Mais si par ce verbe on veut présenter une chose comme incontestable, on fait usage de l'affirmatif Voltaire a dit :

Egisthe est-il vivant ? avez-vous conservé
Cet enfant malheureux, le *seul* que j'*ai* sauvé.

De ces dames, c'est *la plus* jeune que je *connais.*

Imparfait.

300 Il *faudrait* que nous *fussions* maintenant à Londres.

L'imparfait du subjonctif, comme l'imparfait de l'indicatif, marque qu'une action est simultanée relativement à une autre action; de plus, il exprime un futur conditionnel.

Je *souhaitais* que vous ne *vinssiez* que demain.

Prétérit.

301 Je suis enchanté que vous *ayez fait* sa connaissance.

Le prétérit du subjonctif indique une action passée, il exprime aussi un futur antérieur.

Nous ne cachèterons pas cette lettre que vous ne l'*ayez lue.*

Plus-que-parfait.

302 Je ne croyais pas que vous *eussiez* si tôt fini.

Le plus-que-parfait du subjonctif, comme le plus-que-parfait de l'indicatif, marque qu'une chose est passée à l'égard d'une autre chose qui est passée; il est aussi susceptible d'une signification future.

Je voudrais que vous *eussiez fini* quand je reviendrai.

Que vous *eussiez fini* exprime un futur passé.

303 *J'aimerais* qu'on travaillât à former le cœur et l'esprit de la jeunesse.

Les temps du mode subjonctif correspondent ainsi avec ceux du mode indicatif et du mode conditionnel.

Le présent du subjontif correspond :

de l'indicatif		
Au présent.	Il faut.	Que tu partes.
Au futur simple.	Il faudra.	
Au futur antérieur.	Il aura fallu.	

L'*imparfait du subjonctif correspond :*

de l'indicatif		
A l'imparfait.	Je voulais.	Que tu partisses.
Aux prétérits.	Je voulus, j'ai voulu, j'eus voulu.	
Au plus-que-parfait.	J'avais voulu.	
Aux deux conditionnels.	Je voudrais, j'aurais voulu	

Le prétérit du subjonctif correspond :

de l'indicatif		
Au présent.	Il faut.	Que tu aies lu.
Au préterit indéfini.	Il a fallu.	
Au futur simple.	Il faudra.	
Au futur antérieur.	Il aura fallu.	

Le plus-que-parfait correspond :

de l'indicatif		
A l'imparfait.	Je voulais.	Que tu eusses écrit.
Aux prétérits.	Je voulus, j'ai voulu, j'eus voulu.	
Au plus-que-parfait.	J'avais voulu.	
Aux deux conditionnels.	Je voudrais, j'aurais voulu	

304 Dieu nous *a donné* la raison afin que nous *discernions* le bien d'avec le mal.

Au lieu de l'imparfait, on peut employer le présent

du subjonctif après un temps passé de l'indicatif pour exprimer une vérité de tous les temps, comme dans cet exemple, ou quand l'action du verbe au subjonctif a lieu à l'instant de la parole.

Il m'*a trahi*, quoiqu'il *soit* mon ami.

On peut aussi employer l'*imparfait* du *subjonctif* après le *présent* ou le *futur* de l'indicatif, quand il y a dans la phrase une expression conditionnelle :

Je doute que vous *étudiassiez si* l'on ne vous y contraignait.

On craint qu'il n'*essuyât* les larmes de sa mère,
RACINE.

On *craint* qu'il *n'essuie*, signifierait : il *essuiera* les larmes de sa mère, et *on le craint*. Mais Andromaque est bien loin d'espérer un tel bonheur. On *craint* qu'il n'essuyât, fait penser à la condition tacite qu'elle y met, *on craint* qu'il n'essuyât les larmes de sa mère si on le lui laissait.

Observations sur quelques verbes.

305 Ils sont *allés* à Rome.

ALLER. — Fait entendre qu'ils sont encore sur le chemin, et ils *ont été* à Rome fait connaître qu'ils ont fait le voyage de Rome et qu'ils en sont revenus.

Être allé et *avoir été* font entendre un transport local, mais la seconde expression a encore un autre sens : *qui est allé*, a quitté un lieu pour se rendre dans un autre ; *qui a été*, a, de plus, quitté cet autre lieu où il s'était rendu.

306 Je *fus* le voir. Je *fus* lui parler.

Est une faute, par la raison qu'on va voir, qu'on va parler ; mais on n'*est* point *voir*, on n'*est* point parlé ; il faut donc dire :

J'*allai* le voir. J'*allai* lui parler.

307 Eviter quelque chose à quelqu'un.

Éviter présente une faute grave ; en effet, éviter signifie esquiver, fuir quelque chose de nuisible ou de désagréable, s'éloigner de; on évite un coup, un piége, on évite un ennuyeux, on évite une chose; mais on ne l'évite ni à soi ni aux autres; éviter n'a point de complément médiat. Dites donc :

Epargner quelque chose à quelqu'un.

Je voudrais vous *épargner* cette peine.

308 Plus il *fixait* ce tableau, plus il excitait son admiration.

Fixer signifie rendre fixe, stable, constant; on dit fixer son attention, son imagination, ses goûts; on dit aussi fixer ses regards sur quelqu'un, pour dire les arrêter sur quelqu'un; mais c'est une faute d'employer ce verbe dans le sens de regarder fixément. On devait donc dire : plus il regardait ce tableau, plus il excitait son admiration.

309 Nul ne peut être heureux, s'il ne *jouit* de sa propre estime.

Jouir ne se dit que des choses avantageuses et agréables. On jouit de ses travaux, de la lumière, d'une parfaite santé; c'est donc mal s'exprimer que de dire : cette personne jouit d'une mauvaise santé, d'une mauvaise réputation; en effet une mauvaise santé, une mauvaise réputation, ne sont pas une source de jouissance.

Il ne faut pas non plus employer *jouir* dans le sens de maîtriser; on ne peut pas *jouir* de cet enfant.

310 Je vous fais *observer* que vous vous trompez.

Observer. — La signification la plus ordinaire de ce verbe est celle de *remarquer*. Avez-vous *observé* ce passage.

Quand il y a cette application et qu'il est employé avec un régime indirect de personne, il doit, comme le verbe *remarquer*, être précédé du verbe *faire*; ainsi, on ne doit pas dire; je vous *observe que*, par la raison qu'on ne dirait pas je vous *remarque que*. Faire une observation à quelqu'un est également incorrect, on doit dire : *faire faire* une *observation* à quelqu'un, ou *faire part* de son *observation* à quelqu'un.

311 Je me *rappelle* cet événement.

Se rappeler étant un verbe transitif veut un régime direct. Il ne faut donc pas dire, ni : je *me rappelle* de cet événement, ni : je *m'en rappelle*, mais je *me le rappelle*.

Si *se rappeler* de quelque chose est une faute grave, *se rappeler d'avoir fait* quelque chose est une locution que l'usage a admise; avant l'infinitif l'emploi de la préposition *de* est autorisé.

312 Plusieurs villes *se disputent* l'honneur d'avoir donné le jour à Homère.

Disputer prend le pronom personnel dans le sens de prétendre concurremment *à*, et alors il est suivi d'un complément.

On se dispute la prééminence, un rang, un héritage ; employé dans le sens de se quereller, c'est une faute d'en faire usage avec le pronom personnel ; au lieu donc de dire : ces enfants *se* sont longtemps *disputé*, il faut dire : ils ont longtemps *disputé*.

CHAPITRE VII.

Des prépositions.

313 Louise a *oublié à* écrire.

On dit *oublier à* quand on a perdu l'usage, l'habitude de faire une chose, et *oublier de* quand il s'agit d'un manque de mémoire.

Ainsi, on oublie à écrire, à danser, en n'écrivant pas, en ne dansant pas; et l'on oublie d'aller dans un endroit, parce qu'on ne s'en est pas ressouvenu.

314 Dès que l'orateur *commença de* parler, on fit silence.

Commencer de, peint une action complète qui aura de la durée; *commencer à* désigne une action qui aura du progrès, de l'accroissement.

Le jour *commence à* luire. Cet enfant *commence à* marcher.

315 *Saigner du nez.*

Au figuré, comme au propre, est la seule expression qui soit admise. Ne dites donc pas *saigner au* nez.

316 Par reconnaissance il nourrit un vieux cheval qui ne lui *sert de rien.*

Ce qui ne *sert de rien* ne peut être employé utilement, et ce qui ne *sert à rien* aujourd'hui peut servir demain à quelque chose. Vous pouvez prendre mon cheval, car il ne me *sert à rien* aujourd'hui.

317 La lune *emprunte* sa lumière *du* soleil.

Emprunter employé au figuré pour *tirer*, veut que son complément médiat soit marqué par la préposition *de*; dans le sens propre, ce complément prend préférablement la préposition *à*.

J'ai *emprunté* vingt francs *à* mon ami.

318 *Atteindre* un certain âge.

Atteindre employé sans la préposition *à* signifie parvenir sans difficulté, sans effort. On l'emploie aussi dans le sens d'*égaler*, *toucher*, *attraper*, qu'il y ait ou non difficulté à vaincre.

Il est difficile d'atteindre (égaler) Racine.

On ne peut pas atteindre (attraper) ce filou, etc.

Atteindre à suppose toujours un obstacle à surmonter.

Atteindre à la perfection.

319 Vous aimez à travailler.

La préposition *à* doit toujours être placée entre le verbe aimer et l'infinitif qui lui sert de complément, excepté après *aimer mieux*.

J'aime mieux me promener.

Il y a d'autres verbes dont la signification change selon leur complément.

Aider quelqu'un, c'est l'assister.

Aider à quelqu'un, c'est partager sa fatigue.

Applaudir quelqu'un, c'est battre des mains pour témoigner son approbation.

Applaudir à quelqu'un, c'est le féliciter de son succès.

Insulter quelqu'un, c'est lui dire des injures, etc.

Insulter à quelqu'un, c'est manquer aux égards qu'on lui doit, etc.

320 C'est la fête *de* ma mère.

La préposition *à* exprimant un rapport de possession, n'est plus usitée que dans quelques expressions consacrées, comme la barque *à* Caron.

On ne doit pas dire c'est la fête *à* ma mère, c'est la chambre *à* mon père; cependant on peut dire par ellipse : voilà une maison *à* mon père, c'est-à-dire qui appartient *à* mon père.

321 Les beaux jours sont *près de* revenir.

Près de est une préposition qui signifie *sur le point de*, et *prêt à* est un adjectif, qui signifie *disposé à;* près doit toujours avoir pour régime la préposition *de*, et prêt, la préposition *à*.

L'ignorance toujours est *prête à* s'admirer.

322 Le plus tôt arrivé se place *avant* les autres.

Le plus considérable se place *devant* eux.

Avant a généralement rapport aux temps et exprime aussi une priorité d'ordre; cette préposition est opposée à *après*.

Devant a rapport au lieu, et est opposé à *derrière*.

323 Les ennemis se sont cantonnés *durant* l'hiver.

Durant exprime une durée continue.

Pendant marque un moment, une époque dans la durée.

Durant l'hiver indique que les ennemis sont restés cantonnés tant que l'hiver a duré; et les ennemis se sont cantonnés *pendant* l'hiver, indique qu'ils ont fait choix de cette saison pour se cantonner, sans cependant qu'ils soient restés dans leurs cantonnements tout l'hiver.

524 Vos gants sont tombés *à terre*.

Tomber *à terre* se dit de ce qui étant élevé au dessus du sol tombe d'en haut; et *par terre*, de ce qui touchant à terre, tombe de sa hauteur.

Un homme, par exemple, qui passe dans une rue et qui vient à tomber, tombe *par terre;* mais le couvreur à qui le pied manque sur le toit tombe *à terre*.

325 Le genre humain est injuste *envers* les grands hommes.

Vis-à-vis, dans le sens d'*envers*, est une locution vicieuse.

Vis-à-vis ne s'emploie que dans le sens propre : *vis-à-vis* de l'église, etc., il exprime un rapport de lieu, en face, à l'opposite; dans le sens figuré, on se sert des prépositions *envers*, *à l'égard de*.

326 Le fil passe *à travers* l'aiguille.

L'aiguille passe *au travers* du drap.

A travers et *au travers* ont des sens très différents.

A travers désigne purement et simplement l'action de passer par un milieu qui vous laisse une ouverture; et *au travers* désigne particulièrement l'action et l'effet de pénétrer dans un milieu dans lequel il faut se faire un passage.

A travers est toujours suivi d'un régime direct, et *au travers* l'est toujours de la préposition *de*.

327 J'ai lu *dans* le journal un conte amusant.

Ce serait une locution vicieuse de dire : J'ai lu *sur* le journal.

Il en est de même de ces expressions :

Manger un morceau *sur* le pouce, dites : *sous* le pouce.

La clef est *après* la porte, dites : la clef est *à* la porte.

En outre *de cela*, dites : *outre cela*.

CHAPITRE VIII.

DE L'ADVERBE.

Alentour, *auparavant*, etc.

328 Les échos d'*alentour* répétaient son nom.

On emploie assez souvent, mal à propos, des adverbes avec des compléments ; ainsi on doit dire : rôder tout *autour* d'une maison, et non pas à l'*entour*.

Avant vous, et non pas *auparavant* vous.

Sur la table, et non pas *dessus* la table.

Hors du jardin, et non pas *dehors* du jardin.

329 Je l'ai cherché *dedans* et *dessous* la table.

Cependant *dedans*, *dessous*, *dehors*, etc., sont quelquefois accompagnés d'un régime; c'est quand on met ensemble les deux opposés, et qu'on ne place le nom qu'après le dernier, ou bien s'ils sont précédés des prépositions *de*, *à*, *par*.

Il est riche, il est jeune, et *par-dessus* cela il est sage.

Otez cela de *dessus* le buffet.

330 *Aussitôt* mon arrivée, j'irai vous voir.

C'est une phrase vicieuse; l'ellipse de la préposition *après* n'est pas encore autorisée; il faut dire :

Aussitôt après mon arrivée, comme on dit immédiatement *après*.

Aussitôt que est très bon. *Aussitôt qu'il* aura fait.
ACADÉMIE.

ADVERBES DE COMPARAISON.

Davantage, plus.

331 J'estime *plus* la science *que* la richesse.

Plus et *davantage* ne s'emploient pas toujours l'un pour l'autre; *davantage* ne peut être suivi de la préposition *de*, ni de la conjonction *que*; on ne dira point :

J'estime *davantage* la science *que* la richesse.

Davantage ne s'emploie bien qu'à la fin d'une phrase, comme : l'aîné est riche, mais le cadet l'est *davantage*.

332 De toutes les fleurs d'un parterre, la rose est celle *qui* me plaît *le plus*.

C'est encore mal employer *davantage* que de s'en servir pour *le plus*; ainsi, la rose est celle qui me plaît *davantage*, serait une faute.

333 Il est modeste *autant* qu'instruit.

Si et *aussi* se joignent aux adjectifs, aux participes et aux adverbes.

Tant et *autant* accompagnent les substantifs et les verbes; on peut néanmoins employer *autant* au lieu de *aussi*, avec deux adjectifs séparés seulement par *que*.

On observera que *aussi* se place avant l'adjectif et *autant* après.

334 L'amitié est une chose *si* précieuse qu'il ne faut pas la prodiguer.

Aussi et *autant* s'emploient dans les propositions affirmatives, et *si* et *tant* dans les négatives ; mais lorsque *si* et *tant* réveillent une idée d'extension, ils peuvent être employés dans les propositions affirmatives.

Elle a *tant* pleuré qu'elle a les yeux tout rouges.

Il a montré *aussi* un grand courage.

Aussi dans le sens de *également, pareillement*, entre dans les propositions affirmatives, et *non plus* dans les propositions négatives.

Il n'a pas montré *non plus* un grand courage.

335 Elle n'est pas *aussi* douce qu'elle *le* semble.

La conjonction *que* placée après les adverbes *aussi, autant, plus, moins*, doit toujours être suivie de *le*; on ne doit pas dire :

Elle n'est pas aussi douce qu'elle semble.

Tout de suite, de suite.

336 Il ne saurait dire deux mots de *suite*.

Il ne faut pas confondre ces deux expressions ; *de suite* signifie l'un après l'autre sans interruption ; *tout de suite* signifie incontinent, sur l'heure..

Il faut que les enfants obéissent *tout de suite*.

De l'usage des expressions négatives.

337 *Jamais* elle *ne* saura lire.

La négation s'exprime en français par *ne* ou *non*.

Les adverbes *pas, point, jamais, nullement*, la conjonction *ni*, les adjectifs *aucun, nul*, les pronoms indéfinis *personne, rien, pas un*, etc., improprement appelés négatifs, ne sont que des compléments de la négation dont ils sont presque toujours accompagnés.

338 Il *n'a cessé* de gronder.

On peut supprimer *pas* et *point* après les verbes *cesser*, *oser*, *pouvoir* et *savoir*. Ce ne serait pas une faute de dire : il *n'a pas cessé* de gronder ; mais c'est moins élégant.

Si ces verbes n'ont pas pour complément un infinitif, ou lorsqu'ils sont employés sans complément, ils sont presque toujours suivis de *pas*.

Dieu *ne* peut *pas* l'absurde.

339 De crainte qu'il *ne* perde son procès.

L'emploi ou la suppression de *pas* et de *point* change quelquefois le sens de la phrase. L'exemple ci-dessus donne à entendre qu'on désire que le procès soit gagné ; mais si on disait : de crainte qu'il *ne* perde *pas* son procès, on donnerait à entendre qu'on désire qu'il le perde. Dans ces phrases, le mot *ne* n'est pas négatif, mais il est seulement dubitatif.

340 *Prenez garde* que cet enfant *ne* tombe.

Si *prendre garde* signifie prendre des précautions, la proposition subordonnée a toujours *ne* ; il en est de même pour le verbe empêcher, parce que l'on prend des précautions pour qu'une chose ne soit pas, et non pas pour qu'elle soit.

Mais si *prendre garde* signifie *faire attention*, *observer*, il est suivi d'une proposition positive ou négative selon le sens.

Prenez garde de ne pas tomber serait une faute, parce que ici le sens est positif.

341 Peut-on *nier* que la santé *ne* soit préférable aux richesses.
FÉRAUD.

Les verbes *nier*, *douter*, et leurs analogues, employés négativement et interrogativement, exigent *ne* dans la proposition subordonnée, à moins qu'on ne veuille exprimer une chose incontestable sur laquelle on ne peut élever aucun doute.

Nier que la puissance de Dieu s'étend à toutes choses, c'est un blasphème. FÉRAUD.

342 Il n'a *point* d'esprit.

Il n'a *pas* d'esprit ce qu'il en faudrait pour une telle place.

Il n'a *point* d'esprit signifie qu'il en est entièrement dépourvu, et il n'a *pas* d'esprit suppose qu'il n'est pas réellement sans esprit; ainsi, *pas* annonce simplement la négative, *point* l'exprime avec beaucoup plus de force.

Pas convient mieux à quelque chose de passager et d'accidentel; *point* à quelque chose de permanent et d'habituel.

On dira d'un homme qu'il ne dort *point*, pour faire entendre qu'il a une insomnie habituelle; et qu'il ne dort *pas*, pour marquer qu'actuellement il est éveillé.

343 N'est-ce *point* vous qui me trahissez.

Quand *pas* ou *point* entre dans l'interrogation, c'est avec des sens un peu différents; l'exemple ci-dessus donne à entendre que ma question est accompagnée de quelque doute : mais si j'en suis persuadé, je dirai, par manière de reproche, n'est-ce *pas* vous qui me trahissez.

344 *Point* de bonheur sans vertu.

Point se met quelquefois sans la négative, et alors il y a ellipse; *pas* ne saurait être employé de cette manière.

345 Je *ne* cherche *point*, je *ne* veux *point* d'excuses.

La négation a différentes nuances; la négation *ne* seule est une négation très faible; elle désigne ordinairement de l'incertitude dans la volonté.

Ne pas est une négation plus forte; elle tient le milieu entre *ne* et *ne point*, qui est la négation la plus prononcée.

Ces nuances sont faciles à saisir; il suffit, pour les employer à propos, de se bien pénétrer de l'idée qu'on veut exprimer.

CHAPITRE IX.

Des conjonctions et, ni, que, *etc.*

346 La vertu *et* la science sont estimables.

La conjonction *et* sert à unir deux propositions affirmatives, ou à lier une proposition affirmative avec une proposition négative, comme : Je plie *et* je ne romps pas.

347 Voyez les oiseaux du ciel, ils *ne* sèment *ni* ne moissonnent.

La conjonction *ni* s'emploie dans les propositions négatives.

Lorsque dans une phrase *ni* se trouve répété, on supprime généralement *pas* et *point*; ainsi, on ne dira pas : il ne faut *pas* être *ni* avare *ni* prodigue.

Quand la conjonction *ni* n'est pas répétée, *pas* ou *point* peut se rencontrer avec *ni*.

> On ne trouve *point* dans les hommes *ni* les vertus *ni* les talents qu'on y cherche.
>
> FÉNELON.

348 Cet enfant est plus appliqué *que* vous.

La conjonction *que* est d'un grand usage et a plusieurs significations.

Elle est comparative, lorsqu'elle sert à lier les deux termes d'une comparaison.

349 On n'est heureux *que* loin du monde.

Que sert à restreindre le sens d'une proposition, et alors il est en général mis pour *seulement*.

350 Qu'avez-vous donc, dit-il, *que* vous ne mangez point.

BOILEAU.

Que après l'interrogation se met pour *puisque*.

351 Approchez, *que* je vous parle.

Enfin cette conjonction se met pour : *afin que*, *depuis que*, *cependant*, etc.

Il y a deux ans *que* je ne l'ai vu.

352 Lorsqu'on a des dispositions et *qu*'on veut étudier, on fait des progrès rapides.

Que tient aussi la place d'une conjonction précédemment énoncée.

353 *Pendant que* Rome était affligée de la peste, saint Grégoire-le-Grand fut élevé sur le siége de Saint-Pierre.

BOSSUET.

Pendant que, *parce que* et *quoique* doivent être préférés à *durant que*, à *cause que* et *malgré que*, qui ont vieilli ; *malgré que* n'est plus d'usage qu'avec le verbe avoir, précédé de *en* : *malgré que j'en* eusse.

QUATRIÈME PARTIE.

De la Ponctuation.

354 La *ponctuation* est l'art de distinguer par des signes reçus les phrases entre elles, les sens partiels qui constituent ces phrases, et par conséquent les repos qu'on doit y observer.

Il y a trois sortes de signes.

1° Signes de division proprement dits :

La virgule (,), le point virgule (;), les deux points (:), le point (.).

2° Signes modificatifs.

L'interjectif (!), l'interrogatif (?).

3° Signes auxiliaires de division.

Le suspensif (.....), les parenthèses ( ), le tiret (—), le guillemet (»), l'alinéa.

CHAPITRE Ier.

SIGNES DE DIVISION.

La Virgule.

355 La charité est *patiente, douce, bienfaisante.*

La virgule indique la moindre de toutes les pauses; elle s'emploie pour séparer entre elles les parties semblables d'une même phrase, c'est-à-dire les sujets se rapportant au même verbe, les attributs se rapportant au même sujet, plusieurs verbes se rapportant au même sujet, etc.

356 Un style toujours noble *et* rapide distingue les écrits de Bossuet. THOMAS.

Si deux parties semblables d'une même phrase sont liées par une des conjonctions *et, ni, ou*, on ne place pas de virgule, si la phrase, par son étendue, permet de prononcer facilement les deux parties; dans le cas contraire, il faut employer la virgule. Ex :

Nul n'est content de sa fortune *ni* mécontent de son esprit.
DESHOULIÈRES.

L'humanité nous fait un devoir de secourir nos semblables, *ou* de leur donner des consolations.

357 On *a* toujours raison ; le destin, toujours tort.

La virgule s'emploie aussi pour remplacer le verbe qui est sous-entendu dans le second membre de la phrase.

358 .... Le sort, *qui toujours change*,
Ne vous a point promis un bonheur sans mélange.
RACINE.

On doit mettre entre deux virgules une proposition incidente explicative, ou un complément adverbial qu'on pourrait retrancher ou transporter sans nuire au sens principal de la phrase. Ex :

Craignez, *repartit Mentor*, qu'elle ne vous accable de maux.
FÉNELON.

Les tyrans, par leur fierté, avaient irrité le grand roi Sésostris. IDEM.

359 *Tribuns*, cédez aux consuls.
VERTOT.

Lorsque le compellatif commence une proposition, il est toujours suivi d'une virgule ; s'il est au milieu des autres parties de la proposition, il est entre deux virgules ; et enfin, s'il termine la proposition, il doit être précédé d'une virgule.

Vous avez vaincu, *Plébéiens*.

360 Le malheur est une chose sacrée.

Si une proposition est simple et sans inversion, elle doit s'écrire sans aucun signe de ponctuation.

Le point-virgule.

361 Le bien de la fortune est un bien périssable ;
Quand on bâtit sur elle, on bâtit sur le sable.

Le *point-virgule* marque une pause plus forte que la virgule.

On doit séparer par le point-virgule deux propositions dont le sens est complet, mais dont l'une est la conséquence ou le développement de l'autre, à moins qu'il n'y ait entre elles une liaison trop intime; on emploie alors seulement la virgule.

362 Vente-t-on dans un poète la vigueur de l'âme, les sentiments sublimes, c'est Corneille; la sensibilité du cœur, le style tendre et harmonieux, c'est Racine; la molle facilité, la négligence aimable, c'est La Fontaine.

RADON-VILLIEU.

Le *point-virgule* sert à séparer des propositions formant une énumération; surtout si ces propositions sont elles-mêmes subdivisées par des virgules.

Le deux-point.

363 Il y a diverses sortes de curiosités : l'*une d'intérêt*, qui nous porte à désirer d'apprendre ce qui peut nous être utile; et l'*autre d'orgueil*, qui vient du désir de savoir ce que les autres ignorent.

Le *deux-point* exprime un repos encore plus considérable que le point-virgule.

On l'emploie après une phrase finie, mais suivie d'une autre qui l'éclaircit ou qui sert à la développer.

364 Plaute a dit : Le bien qu'on fait à d'honnêtes gens n'est jamais perdu.

On met le *deux-point* après qu'on a annoncé une citation ou un discours direct, qu'on va rapporter.

365 Du lait, du pain, des fruits, de l'herbe, une onde pure :
C'était de nos aïeux la saine nourriture.

On emploie le deux-point après une énumération, ou après une proposition qui annonce une énumération.

On demande quatre choses à une femme : que la

vertu habite dans son cœur; que la modestie brille sur son front; que la douceur découle de ses lèvres, et que le travail occupe ses mains.

Le point.

366 Le travail est souvent le père du plaisir.
Je plains l'homme accablé du poids de son loisir.
VOLTAIRE.

On met le *point* simple, soit à la fin d'une phrase isolée, soit à la fin des phrases d'un discours qui ont un sens tout-à-fait indépendant de ce qui suit, ou du moins qui n'ont de liaison avec la suite que pour la convenance de la matière, et l'analogie générale des pensées dirigées vers une même fin.

CHAPITRE II.

SIGNES MODIFICATIFS.

Point d'interrogation.

367 Qu'y a-t-il de plus rare? un véritable ami.

Le *point interrogatif* se met à la fin de toute proposition qui interroge, soit par la forme, soit par le sens.

On n'écrit pas avec une lettre majuscule le mot de la réponse qui suit l'interrogation quand les réponses peuvent être faites par la personne qui interroge : Qu'y a-t-il de plus difficile? de se connaître.

368 Mentor demanda ensuite à Idoménée quelle était la conduite de Protésilas dans ce changement des affaires.

On ne met pas le point d'interrogation dans les phrases analogues à celle-ci, parce que l'interrogation n'est pas directe.

Point exclamatif ou *interjectif.*

369 Oh ! qu'il est cruel de n'espérer plus !

Le *point exclamatif* ou *interjectif* termine toutes les phrases qui expriment la surprise, la terreur, la pitié, la tendresse ou quelque autre sentiment que ce puisse être.

370 O cervelle indocile !

Le *point exclamatif* se place immédiatement après l'exclamation; cependant *ô* ne prend point de ponctuation immédiate; de même, lorsque l'exclamation est répétée, le *point exclamatif* ne se met qu'après la dernière exclamation : *oh , oh!*

CHAPITRE III.

SIGNES AUXILIAIRES DE DIVISION.

Le point suspensif.

371 J'ai vu........ sans mourir de douleur.
J'ai vu.... (siècles futurs vous ne le pourrez croire ;)
Ah !... j'en frémis encor de dépit et d'horreur ;
J'ai vu... mon verre plein, et je n'ai pu le boire.

SCARRON.

Les *points suspensifs* s'emploient lorsque les sentiments qui oppressent l'ame, ne pouvant se faire jour tous en même temps, on laisse échapper des phrases interrompues et sans suite.

Cette ponctuation peut avoir lieu dans le genre sérieux et dans le genre plaisant.

Le tiret.

372 Est-ce assez ? dites-moi, n'y suis-je point encore ?
— Nenni ;—m'y voici donc ?—Point du tout; — m'y voilà ?
— Vous n'en approchez point.

LA FONTAINE.

Le *tiret* s'emploie pour éviter la répétition de dit-il, répondit-il, et pour annoncer le changement d'interlocuteur.

Les guillemets.

373 Quel plaisir de penser et de dire en vous-même :
« Partout en ce moment on me bénit, on m'aime ;
« On ne voit point le peuple à mon nom s'alarmer ! »

Les *guillemets* sont deux sortes de virgules assemblées ; on les met devant le premier mot et avant chaque ligne d'un discours cité, et on les met également après le dernier mot du discours.

La parenthèse.

374 Je croyais, moi (jugez de ma simplicité),
Que l'on devait rougir de la duplicité.

DESTOUCHES.

La *parenthèse* est une figure formée de cette manière ( ), qui s'emploie pour clore une espèce de note qui jette un trait de lumière dans la phrase où elle est interposée, ou qui y ajoute une idée qui ne s'enchaîne pas avec les autres.

L'alinéa.

375 L'*Alinéa* marque une division plus forte que le *point* et les autres signes de division. Il exige qu'on écrive à la ligne, et il a une rentrée, comme on le voit dans les passages cités plus bas, qui en donneront mieux l'idée que toutes les explications possibles.

L'empereur Lothaire, après avoir bouleversé l'Europe sans succès et sans gloire, se sentant affaibli, vint se faire moine dans l'abbaye de Prum. Il ne vécut dans le froc que six jours, et mourut imbécile après avoir régné en tyran.

A la mort de ce troisième empereur d'Occident, il s'éleva de nouveaux royaumes en Europe, comme des monceaux de terre après les secousses d'un grand tremblement.

Un autre Lothaire, fils de cet empereur, donna le nom de Lotharinge à une assez grande étendue de pays, nommée depuis par contraction Lorraine, entre le Rhin, l'Escaut, la Meuse et la mer. Le Brabant fut appelé la Basse-Lorraine; le reste fut connu sous le nom de Haute. Aujourd'hui, de cette Haute-Lorraine il ne reste qu'une petite province de ce nom, engloutie depuis peu dans le royaume de France.

VOLTAIRE.

FIN.

TABLE.

FIN DE LA TABLE.

Paris. — Imprimerie Maulde et Renou, rue Bailleul, 9-11.

[illegible]	[illegible]	[illegible]	[illegible]	[illegible]	[illegible]
L'homme sage met sa confiance en Dieu.		Joseph lit	L'encrier est sur la table	Les enfants parlent beaucoup et réfléchissent peu	[illegible]
Le loup et les agneaux.	Dieu dit à Noé: l'arc-en-ciel sera le signe de l'alliance que je fais avec vous.	On ne surmonte le vice qu'en le fuyant	Mentir est honteux	Cet arbre est chargé de pommes	[illegible]
Un enfant sage et laborieux est aimé de tout le monde	Le bien est plus ancien dans le monde que le mal.	Le travail est une meilleure ressource contre l'ennui que les plaisirs	Le Rhône et la Garonne sont très rapides	La probité est la plus estimée des vertus…	[illegible]
A cet air vénérable, à cet auguste aspect, les meurtriers surpris, sont saisis de respect.	Chaque âge a ses devoirs				
Dieu est tout puissant.	Dieu est bon	Le ciel protège la vertu	Il ne faut pas médire de son prochain	Je chante Nous chantons	[illegible]
Apprends à obéir pour commander aux autres.	Le travail entretient la santé.	Je lirais si j'avais des livres	Va, fuis, sors de ma tente ou je vais en sortir.	Il faudrait que je partisse demain	[illegible]
L'avare perd tout en voulant tout gagner	Si la vertu et la vérité étaient bannies de la terre, elles devraient toujours se trouver dans la bouche des rois.	Marie regarde son fils qui dort	Marie se regarde	Elle se plaît…	[illegible]
Ce que l'on conçoit bien s'énonce clairement.	Il faut d'abord faire son devoir.	Venez ici, allez là.	Tel repousse aujourd'hui la misère importune qui tombera demain dans la même infortune.	La vanité nous rend aussi dupes que sots…	[illegible]
Le remords suit le crime.	Il a tué deux perdreaux	La vie de l'homme ne tient qu'à un cheveu	L'ambition produit un déluge de maux.	Le travail est la vie de l'homme…	[illegible]

[illegible]onique Polonaise.

[illegible]ges. – Grammaire de M.lles Clair.

1er Tableau.

[illegible]	[illegible]	[illegible]ologie	Le livre de Charles	La clé du jardin
L'esprit, la science en [illegible] sont [illegible] véritables biens de l'homme	Ah! quel plaisir de vous revoir	Le Volga est le plus grand fleuve de l'Europe.	Chaque peuple se compose d'une multitude de familles	Dieu créa l'homme et la femme à son image.
La puissance de Dieu est infinie	Le roi, la reine, les princes	La femme doit prendre soin du ménage	Ni l'or ni la grandeur ne nous rendent heureux.	Un homme vertueux.
La fruits sont [illegible]	Ah! mon habit que je vous remercie, que je valus hier, grâce à votre valeur	A la bataille de Bouvines, l'armée de Philippe Auguste était de cinquante mille hommes.	Mahomet vivait dans le septième siècle de l'ère chrétienne.	Ce lieu solitaire, ces ruines, cette soirée paisible impriment à mon esprit un recueillement religieux.
[illegible]	[illegible]	[illegible]	La vertu est aimable Un père n'est jamais inflexible	La neige est blanche.
Hâtons-nous le temps fuit [illegible] nous laisse [illegible] le moment où je parle est [illegible] loin de moi	Je lisais quand vous entrâtes	J'aurai lu quand vous viendrez	Charles chante	Comment l'aurais-je fait si je n'étais pas né.
Pour devenir savant il faut étudier	Conjuguer un verbe c'est joindre au radical toutes les inflexions ou terminaisons que subissent les diverses formes de ce verbe, pour en exprimer les personnes, le nombre, les temps et les modes.	Sois bonne et tu seras heureuse.	J'ai te parlai l'autre jour de l'inconstance prodigieuse des Français sur leurs modes.	La Religion nous apprend à aimer tous les hommes comme nous-même.
Il faut récompenser le meilleur le pauvre qui [illegible] soulage	Si vous mentez Dieu vous punira	L'ennui est entré dans le monde par la paresse.	Au sein de ses amis auprès de ses parents, les plaisirs sont plus doux et les malheurs moins grands.	Ceux qui ont beaucoup sont obligés de donner beaucoup.
[illegible]illez-vous savoir comment il faut donner, mettez-vous à la place de lui qui reçoit	Rien n'est plus amusant que l'histoire, outre que rien n'est plus instructif.	Ah! s'il est un heureux c'est sans doute un enfant.	Il n'y a point de mérite à savoir l'ortographe; mais il y a beaucoup de honte à l'ignorer.	Le maître et les élèves
L'Italie est une des plus [illegible] contrées de l'Europe.	Un ton poli rend les bonnes raisons meilleures	Une jeune fille discrète	Une bonne action vaut mieux qu'un bon ouvrage.	Cet homme est très actif.

Paris. — Imprimerie MAULDE et RENOU, rue Bailleul, 9-11.

Méthode m…

Application aux la…

Cornélie était vertueuse.	Mahomet avait un génie supérieur.	Le bel âge n'est qu'une fleur qui passe	Le bonheur public vaut mieux que la victoire.	La flatterie est une fausse monnaie qui n'a de cours que par notre vanité.
J'aime les fleurs.	Je chéris la vertu	Je reçois vos excuses	J'attends vos ordres	Je vous demanderai aujourd'hui ce que je vous demandai hier.
Apportez-y tous tes soins.	Il ouvre le jardin, il cueille des fleurs	Il écrit tout ce qu'on veut	Il répond avec assurance.	Elle lui donna sa bourse.
Veillé-je? Puis-je croire un semblable dessein?	Les approuve-t-on?	Il entend les serpents, il croit les voir rampant autour de lui.	L'armée des infidèles fut entièrement détruite.	Promène-toi dans le jardin.
Ils vont à Rome.	Des armes qui ont été bénites par l'église ne sont pas toujours bénies du ciel sur le champ de bataille	L'empire romain florissait sous Auguste	Là gît Lacédémone, Athènes fut ici.	Quand il hait une fois, il veut haïr toujours
Plutôt perdre tout que de rien faire contre sa conscience.	Rien n'enfle et n'éblouit les grandes âmes, parce que rien n'est plus haut qu'elles	Quoique invisibles, il est toujours deux témoins qui nous regardent: Dieu et la conscience.	[illegible]	[illegible]
Notre père est la bonté même	On ne doit prendre un parti quelconque qu'après un mûr examen.	Il se fait [illegible] c'est la loi de nature	[illegible]	[illegible]
Turenne était vaillant	Le singe et le chat sont rusés et malins	Les grands pins sont exposés aux coups de la tempête	[illegible]	[illegible]
La philosophie triomphe aisément des maux passés, mais les maux présents triomphent d'elle	La gloire qui [illegible] de la vertu a un éclat [illegible]	[illegible] qui est juste, récompense la vertu	[illegible]	Les deux Corneille se sont distingués dans la république des lettres
Un franc-alleu était un bien patrimonial héréditaire.	Un lit de plume à grands frais amassé.	Je prends à témoin ces bois, ces prairies	Dieu est le créateur de toutes choses	C'est un délice de faire des heureux.

...émonique Polonaise.

...gues. – Grammaire de Mlles Clair.

2me Tableau.

...histoire est ...juge sévère ... impartial	[illegible]	[illegible]	... de voir qu'elle ne se corrige pas	... chemin où ... passe en danger ...
Je vins, je ..., je vainquis	Je relirai avec le même plaisir ce que je lisais autrefois.	Il faut que j'écrive, il faudrait que je lusse	Tu n'espères pas gagner ton procès.	Règle ta propre conduite avant de critiquer celle des autres.
... vaincre ...ans péril, on ...iomphe sans ...loire.	Nous sommes allés vous voir; et nous ne vous avons pas trouvés.	Entre le pauvre et vous, vous prendrez Dieu pour juge, Vous souvenant, mon fils, que sous Célin, Comme eux vous fûtes pauvre et comme eux orphelin.	Nous passâmes tout l'été dernier à la campagne.	Les yeux de l'amitié se trompent rarement.
Il se chargea ... une lettre.	Nous avançons vers notre but.	Il veut les rappeler et sa voix les effraie	Qui emploie bien son temps ne s'ennuiera jamais	Vous jouez de la flûte.
Il s'occupe dès le matin ... lire et à faire ...es vers.	Cet homme a le cœur bon; quant à la tête elle est mauvaise	Un savant philosophe a dit élégamment: Dans tout ce que tu fais, hâte-toi lentement.	Un financier jamais ne dort profondément.	Là tout est beau, parce que tout est vrai.
Avant qu'un ... dessein on ... dans la poudre ... pouvait voir ... Seine à la ... Saint-Jean ...	La crainte de Dieu est le commencement de la sagesse.	La Cigale et la Fourmi	Travailler c'est savoir jouir. L'oisiveté pèse et tourmente	... la Mollesse oppressée Dans sa bouche à ce mot sent sa langue glacée
...rivière est ...uverte de glaçons	Fugitive	Dieu est juste	Patience et succès marchent toujours ensemble	Auguste joue
[illegible]	Grand Dieu! tes jugements sont remplis d'équité	Jean Thévenot, auteur d'un voyage en Asie, apporta, dit-on, en 1656, le café en France.	Et de son creux de main faisant un gobelet; Il vous a bu de l'eau, tout comme on boit du lait.	La jeunesse et l'inexpérience nous exposent à bien des fautes.
Louis fut des Boileaux; Auguste des Virgiles	Ces opéras font l'admiration des dilettanti.	On n'écoute ni les si, ni les mais. Sur l'étiquette on me fit mon procès.	Le garde-chasse a arrêté un braconnier	Phèdre et Athalie sont les chefs-d'œuvre de Racine.
... Pourquoi ...algré nos ...haînes. Avons-nous ...ombattu sous ...les aigles ...romaines.	Que de pauvres ne pourrait-on pas soulager avec une couple d'écus.	La foudre étincelante éclate dans la nue	Les anciennes hymnes de l'Église ont le mérite de la simplicité.	Le premier œuvre de Grétry.

Méthode mn

Application aux la

Cette office est grande et commode.	Yoifû de belles orges.	Personne n'est venu	On croit être aimé et on ne l'est pas.	Et que ne doit pas à qui l'o doit la vie
tous les honnêtes gens ne sont pas connus.	On n'est pas toujours jeune et jolie	Elle avait dans ses cheveux des rubans ponceau	Cette femme a l'air fier.	Ces orateurs sont resté court.
Les quarante de l'académie. Les quatre temps	Quatre vingts hommes. Deux cents chevaux	Une peste affreuse ravagea la France en mil trois cent quarante huit	Aucun contre-temps ne doit altérer l'amitié	Quelques amis suivirent ce prince dans son exil.
Toutes grandes, toutes peuplées que soient nos villes, elles le sont beaucoup moins que celles de la Chine.	Toute autre place qu'un trône eût été indigne d'elle	Tout Florence en est abreuvé	Le chien est tout zèle, tout ardeur, tout obéissance.	Les gens simples sont crédules sans déguisement sans malice.
Pauvreté n'est pas vice.	C'est parole dos que les sangliers ont la peau le plus dure	Voilà l'homme, [illegible], il va [illegible] au noir; [illegible] sa [illegible] du [illegible]	Molière surpasse Plaute dans tout ce qu'il a fait de meilleur.	On a [illegible] besoin [illegible] plus [illegible]
Les fautes même légères, que com[illegible] enfants, je ne les leur passe pas.	Mets-le-toi dans l'esprit qui fait mal trouve mal	Un auteur qui est sensé que [illegible] la langue qui [illegible] son sujet, qui travaille à loisir, [illegible]	Ce [illegible] de vous que je parle [illegible]	Tel est l'avan[illegible] ordinaire qu[illegible] [illegible]
Le bien ou le mal se moissonne selon qu'on sème ou le mal ou le bien	Vous et moi nous sommes contents de notre sort.	C'est nous qui avons sollicité vos juges	On cite des femmes spartiates, une foule de mots qui annoncent le courage et la force.	La plupart de hommes se souviennent bien mieux des servi[ces] qu'ils rendent que de ceux qu'il[s] reçoivent.
Ne vous informez pas de ce que je deviendrai.	L'ambition, qui est prévoyante, sacrifie le présent à l'avenir.	L'autre esquive le coup, et l'assiette volant, s'en va frapper le mur, et revient en roulant.	Des esprits bas et rampants ne s'élèvent jamais au sublime.	Les méchan[ts] ont bien de la peine à demeu[rer] unis.
Je les ai fait passer.	Je sais que vous aimez les fleurs, j'en ai cueilli pour vous.	Combien Dieu en a-t-il exaucés	Les chaleurs qu'il a fait.	Cette histoire est plus intéres-sante que je l'avais pensé
Dieu est éternel	Je suis de retour dans un moment.	Je pensais à vous quand vous êtes entré.	Je passai tout l'été dernier à la campagne.	J'ai écri[t] hier à Isabell[e] et j'ai vu sa mère ce matin

[...]nonique Polonaise.

[...]gues. — Grammaire de Mmes Clair.

3e Tableau.

On n'a rien à faire.	Osons opposer Socrate même à Caton; l'un était plus philosophe et l'autre plus citoyen.	Feu votre mère m'avait donné cette bague.	Il demeure à une demi-lieue de la ville	Instruite par l'expérience les vieilles gens sont soupçonneux
Des enfants nouveau nés. Des blés clair semés.	L'orgueil aveugle se suppose une grandeur et un mérite démesurés.	Le fer, le bandeau, la flamme est toute prête.	La plupart des hommes emploient la première partie de leur vie à rendre l'autre misérable.	Les langues ont, chacune, leurs bizarreries.
Quels que soient les humains, il faut vivre avec eux, un mortel difficile est toujours malheureux.	Quelque temps qu'il fasse, je sortirai demain.	Le peuple et les grands n'ont ni les mêmes vertus, ni les mêmes vices.	Une minute est chère, et pour la ménager, jusqu'aux syllabes même il faut tout abréger.	Employer tout son crédit, toute son industrie pour servir son ami, c'est remplir un devoir.
Cette faute est impardonable.	Ce père est utile et cher à sa famille	Jusqu'à l'âge de sept ans, l'enfant chez les spartiates, était laissé aux soins du père et de la mère	Je me suis servi du grand papier qui était au magasin. Je me suis servi de grand papier	Avez-vous des livres, des plumes, de l'encre, du papier
[illegible]	J'ai connu le malheur et j'y sais compatir	Est-ce là votre appartement? ce l'est.	Je les empêcherai de partir.	Les belles choses le sont moins hors de leur place
La religion veille sur les crimes secrets, les lois veillent sur les crimes publics.	L'or et l'argent s'épuisent, mais la vertu, la constance et la pauvreté ne s'épuisent jamais	La douceur, la bonté du grand Henri a été célébrée de mille louanges	Femmes, moines, vieillards, tout était descendu.	La vertu de même que le savoir a son prix.
Ce ne sont ni les arts, ni les métiers qui peuvent dégrader l'homme, ce sont les vices	L'aliment de l'âme, c'est la vérité et la justice	C'est des contrastes que résulte l'harmonie du monde.	Est-ce les Anglais que vous aimez?	Le souverain créateur préside et règle le mouvement des astres
Vous trouverez ci inclus mes deux lettres.	Les solides trésors sont ceux qu'on a donnés.	La lettre que j'ai présumé que vous recevriez est enfin arrivée.	La plante mise en liberté garde l'inclinaison qu'on l'a forcée à prendre.	Ces acteurs, je les ai vus jouer, et je les ai même entendu siffler.
Le peu d'affection que vous lui avez témoignée lui a rendu le courage. Le peu d'affection que vous lui avez témoigné lui a ôté le courage	Elle s'est regardée dans la glace. Ils se sont parlé.	En deux jours la rivière a crû de deux pieds. Depuis hier la rivière est crue de deux pieds.	Il vaut mieux être malheureux que criminel.	Dieu nous a créés pour travailler.
J'irai dans une retraite où je serai tranquille. J'irai dans une retraite où je sois tranquille.	Je crains, je tremble, j'appréhende, j'ai peur qu'il ne vienne.	Il partira quoiqu'il soit malade.	L'évangile est le plus beau présent que Dieu ait pu faire aux hommes	Il faudrait que nous fussions maintenant à Londres.

Méthode mném[...]

Application aux langue[...]

Je suis enchanté que vous ayez fait sa connaissance	Je ne croyais pas que vous eussiez sitôt fini.	J'aimerais qu'on travaillât à former le cœur et l'esprit de la jeunesse	Dieu nous a donné la raison afin que nous discernions le bien d'avec le mal.	Ils sont allés à Rome
Je me rappelle ces événements.	Plusieurs villes se disputent l'honneur d'avoir donné le jour à Homère.	Louise a oublié à écrire	Dès que l'orateur commença de parler, on fit silence.	Saigner du nez.
Les beaux jours sont près de revenir	Le plus tôt arrivé se place avant les autres. Le plus considérable se place devant eux	Les ennemis se sont cantonnés durant l'hiver	Vos gants sont tombés à terre.	Le genre humain est injuste envers les grands hommes
J'estime plus la science que la richesse	De toutes les fleurs d'un parterre, la rose est celle qui me plaît le plus.	Il est modeste autant qu'instruit	L'amitié est une chose si précieuse qu'il ne faut pas la prodiguer.	Elle n'est pas aussi douce qu'elle le semble
Pour moi, je veux que la santé me soit préférable aux richesses.	Il n'a point d'esprit. Il n'a pas d'esprit ce qu'il en faudrait pour une telle place	N'est-ce point vous qui me trahissez	Point de bonheur sans vertu	Je ne cherche point, je ne veux point d'excuses.
Approchez que je vous parle.	Lorsqu'on a des dispositions et qu'on veut étudier, on fait des progrès rapides.	Pendant que Rome était affligée de la peste, St Grégoire le Grand fut élevé sur le siège de St Pierre	La ponctuation est l'art de distinguer par des signes reçus, les phrases entre elles, les sens partiels qui constituent ces phrases, et par conséquent les repos que l'on doit observer	La charité est patiente, douce, bienfaisante.
Le bien de la fortune est un bien périssable; quand on bâtit sur elle, on bâtit sur le sable	Vante-t-on dans un poète la vigueur, la flamme, les sentiments sublimes, c'est Corneille; la sensibilité du cœur, le style tendre et l'harmonie, c'est Racine; la molle facilité, la négligence aimable, c'est La Fontaine	Il y a diverses sortes de curiosité: l'une d'intérêt, qui nous porte à désirer d'apprendre ce qui peut nous être utile, et l'autre d'orgueil, qui vient du désir de savoir ce que les autres ignorent.	Plaute a dit: le bien que l'on fait à d'honnêtes gens n'est jamais perdu	[illegible] C'était [illegible]
J'ai vu... sans mourir de douleur, j'ai vu.... (Siècles futurs vous ne le pourrez croire) ah!... j'en frémis encore de dépit et d'horreur. J'ai vu... [illegible] et je n'ai pu [illegible]	Est-ce assez, dites-moi; n'y suis-je point encore? — Nenni, — m'y voici donc. — Point du tout. — M'y voilà? — Vous n'en approchez point.	Quel plaisir de pouvoir se dire à soi-même: « Partout en ce moment on me bénit, on m'aime; « On ne voit point le peuple à mon nom s'alarmer! »	Je craignais, moi, (juges de ma simplicité) que l'on devait rougir de la duplicité.	Alinea.

[illegible]nique Polonaise

— Grammaire de Mmes Clair.

4ème Tableau.

Je fus lever. Je fus lui parler.	Exiter quelque chose à quelqu'un.	Plus il fixait ce tableau, plus il excitait son admiration	Nul ne peut être heureux, s'il ne jouit de sa propre estime.	Je vous fais observer que vous vous trompez.
Par reconnaissance il nourrit un vieux cheval qui ne lui sert de rien.	La lune emprunte sa lumière du soleil	Atteindre un certain âge	Vous aimez à travailler	C'est la fête de ma mère.
Le fil passe à travers l'aiguille. L'aiguille passe au travers du drap.	J'ai lu dans le journal un conte amusant	Les échos d'alentour répétaient son nom.	Je l'ai cherché dedans et dessous la table.	Aussitôt mon arrivée, j'irai vous voir.
Il ne saurait lire deux mots de suite.	Jamais elle ne saura lire	Il n'a cessé de gronder	De crainte qu'il ne perde son procès.	Prenez garde que cet enfant ne tombe
L'aventure et la science sont estimables.	Voyez les oiseaux du ciel, ils ne sèment ni moissonnent	Cet enfant est plus appliqué que vous	On n'est heureux que loin du monde.	Qu'avez-vous donc, dit-il, que vous ne mangez point.
[illegible] style toujours [illegible] et [illegible] [illegible] les [illegible] de Rousseau	On a toujours raison; le destin, toujours tort.	...Le sort, qui toujours change Ne vous a point promis un bonheur sans mélange.	Tribuns, cédez aux Consuls.	Le malheur est une chose sacrée.
[illegible]	Qu'y a-t-il de plus rare? Un véritable ami.	Mentor demanda ensuite à Idoménée quelle était la conduite de Protésilas dans ce changement des affaires.	Oh! qu'il est cruel de n'en espérer plus!	O cervelle indocile!

1.ère Tableau des Conj[illegible]

Mode infinitif T. présent Avoir	Prétérit Avoir eu	Participe présent Ayant	Passé Eu, Eue ayant eu	Futur Devant avoir
Mode indicatif T. présent J'ai Tu as Il a Nous avons Vous avez Ils ont	Imparfait J'avais Tu avais Il avait Nous avions Vous aviez Ils avaient	Prétérit défini J'eus Tu eus Il eut Nous eûmes Vous eûtes Ils eurent	Prétérit indéfini J'ai Tu as Il a Nous avons Vous avez Ils ont } eu	Prétérit antérieur J'eus Tu eus Il eut Nous eûmes Vous eûtes Ils eurent } eu
Plus-que-Parf. J'avais Tu avais Il avait Nous avions Vous aviez Ils avaient } eu	Futur simple J'aurai Tu auras Il aura Nous aurons Vous aurez Ils auront	Futur antérieur J'aurai Tu auras Il aura N. aurons V. aurez Ils auront } eu	Conditionnel présent ou futur J'aurais Tu aurais Il aurait N. aurions V. auriez Ils auraient	Passé J'aurais Tu aurais Il aurait N. aurions V. auriez Ils auraient }
Mode impératif présent Aie Ayons Ayez				
Mode infinitif T. présent Pens-er	Prétérit avoir pens-é	Participe présent Pens-ant	Passé Pens-é Pens-ée ayant pens-é.	Futur Devant pens-er.
Mode indicatif T. présent Je pens-e Tu pens-es Il pens-e N. pens-ons V. pens-ez Ils pens-ent	Imparfait Je pens-ais Tu pens-ais Il pens-ait N. pens-ions V. pens-iez Ils pens-aient	Prétérit défini. Je pens-ai Tu pens-as Il pens-a N. pens-âmes V. pens-âtes Ils pens-èrent	Prétérit indéfini J'ai Tu as Il a N. avons V. avez Ils ont } pensé	Prétérit antérieur J'eus Tu eus Il eut N. eûmes V. eûtes Ils eurent } pensé
Plus-que-Parf. J'avais Tu avais Il avait N. avions V. aviez Ils avaient } pensé	Futur simple. Je pense-rai Tu pense-ras Il pense-ra N. pense-rons V. pense-rez Ils pense-ront	Futur antérieur. J'aurai Tu auras Il aura N. aurons V. aurez Ils auront } pensé	Mode Condition. présent ou futur Je pense-rais Tu pense-rais Il pense-rait N. pense-rions V. pense-riez Ils pense-raient	Passé J'aurais Tu aurais Il aurait N. aurions V. auriez Ils auraient } pensé
Mode impératif présent Pens-e Pens-ons Pens-ez				
Mode infinitif T. présent Recev-oir	Prétérit Avoir reçu	Participe présent Recev-ant	Passé Reç-u Reç-ue ayant reç-u	Futur Devant recevoir
Mode indicatif T. présent Je reç-ois Tu reç-ois Il reç-oit N. recev-ons V. recev-ez Ils reç-oivent	Imparfait Je recev-ais Tu recev-ais Il recev-ait N. recev-ions V. recev-iez Ils recev-aient	Prétérit défini Je reç-us Tu reç-us Il reç-ut N. reç-ûmes V. reç-ûtes Ils reç-urent	Prétérit indéfini J'ai Tu as Il a N. avons V. avez Ils ont } reçu	Prétérit antérieur J'eus Tu eus Il eut N. eûmes V. eûtes Ils eurent } reçu
Plus-que-Parf. J'avais Tu avais Il avait N. avions V. aviez Ils avaient } reçu	Futur simple. Je recev-rai Tu recev-ras Il recev-ra N. recev-rons V. recev-rez Ils recev-ront	Futur antérieur J'aurai Tu auras Il aura N. aurons V. aurez Ils auront } reçu	Mode condition. présent ou futur Je recev-rais Tu recev-rais Il recev-rait N. recev-rions V. recev-riez Ils recev-raient	Passé J'aurais Tu aurais Il aurait N. aurions V. auriez Ils auraient } reçu
Mode Impératif présent Reç-ois Recev-ons Recev-ez				

…njugaison C.

…de infinitif …. présent Être	Prétérit avoir été	Participe présent Étant	Passé Été ayant été	Futur devant être
…de indicatif …. présent …uis …es …est …us sommes …us êtes …s. sont	Imparfait J'étais Tu étais Il était Nous étions Vous étiez Ils étaient	Prétérit défini Je fus Tu fus Il fut Nous fûmes Vous fûtes Ils furent	Prétérit indéfini J'ai Tu as Il a Nous avons Vous avez Ils ont } été	Prétérit antérieur J'eus Tu eus Il eut Nous eûmes Vous eûtes Ils eurent } été
…s-que-Parf. …avais …avais …avait …avions …aviez …avaient } été	Futur simple Je serai Tu seras Il sera N. serons V. serez Ils seront	Futur antérieur J'aurai Tu auras Il aura N. aurons V. aurez Ils auront } été	Mode conditionnel présent ou Futur Je serais Tu serais Il serait N. serions V. seriez Ils seraient	Passé J'aurais Tu aurais Il aurait N. aurions V. auriez Ils auraient } été
…de impératif présent …is …oyons …oyez	[illegible]	[illegible]	Prétérit [illegible] qu'il ait q. n. ayons q. v. ayez qu'ils aient } été	Plus-que-parf. [illegible] qu'il eût q. n. eussions q. v. eussiez qu'ils eussent } été

…de infinitif présent Un-ir	Prétérit Avoir un-i.	Participe présent Un-issant	Passé Un-i, un-ie ayant un-i	Futur Devant un-ir
…de indicatif présent …ni-s …uni-s …uni-t …uni-ssons …uni-ssez …uni-ssent	Imparfait J'uni-ssais Tu uni-ssais Il uni-ssait N. uni-ssions V. uni-ssiez Ils uni-ssaient	Prétérit défini J'uni-s Tu uni-s Il uni-t N. uni-mes V. uni-tes Ils uni-rent	Prétérit indéfini J'ai Tu as Il a N. avons V. avez Ils ont } uni	Prétérit antérieur J'eus Tu eus Il eut N. eûmes V. eûtes Ils eurent } uni
…s-que-Parf. …vais …vais …vait …vions …viez …vaient } uni	Futur simple J'uni-rai Tu uni-ras Il uni-ra N. uni-rons V. uni-rez Ils uni-ront	Futur antérieur J'aurai Tu auras Il aura N. aurons V. aurez Ils auront } uni	Mode Condition. présent ou futur J'uni-rais Tu uni-rais Il uni-rait N. uni-rions V. uni-riez Ils uni-raient	Passé J'aurais Tu aurais Il aurait N. aurions V. auriez Ils auraient } uni
…de impératif présent …i-s …i-ssons …i-ssez	[illegible]	Imparfait [illegible]	Prétérit [illegible] q. n. ayons q. v. ayez qu'ils aient } uni	Imparfait [illegible] q. v. auriez qu'ils eussent } uni

…de infinitif …. présent Rend-re.	Prétérit avoir rend-u.	Participe présent Rend-ant.	Passé Rend-u. Rend-ue ayant rend-u.	Futur devant rend-re.
…de indicatif …. présent …rend-s …rend-s …rend …rend-ons …rend-ez …rend-ent	Imparfait Je rend-ais Tu rend-ais Il rend-ait N. rend-ions V. rend-iez Ils rend-aient	Prétérit défini Je rend-is Tu rend-is Il rend-it N. rend-îmes V. rend-îtes Ils rend-irent	Prétérit indéfini J'ai Tu as Il a N. avons V. avez Ils ont } rendu	Prétérit antérieur J'eus Tu eus Il eut N. eûmes V. eûtes Ils eurent } rendu
…s-que-parf. …avais …avais …avait …avions …aviez …avaient } rendu	Futur simple Je rend-rai Tu rend-ras Il rend-ra N. rend-rons V. rend-rez Ils rend-ront	Futur antérieur J'aurai Tu auras Il aura N. aurons V. aurez Ils auront } rendu	Mode condition. présent ou futur Je rend-rais Tu rend-rais Il rend-rait N. rend-rions V. rend-riez Ils rend-raient	Passé J'aurais Tu aurais Il aurait N. aurions V. auriez Ils auraient } rendu
…de impératif présent. Rend-s Rend-ons Rend-ez	[illegible]	[illegible]	[illegible]	[illegible]

2me Tableau a

Verbes Irréguliers de la

Aller 1. Envoyer 6. Acquérir 8. Assaillir 16. Bouillir,

<table>
<tr><td>Mode indicatif présent
Je vais
Tu vas
Il va
N. allons
V. allez
Ils vont</td><td>Futur simple
J'irai
....
N. irons
....
........</td><td>Mode condition. présent
J'irais
....
N. irions
....
........,</td><td>Mode Impératif
Va
allons
allez.</td><td>Mode subjonctif présent
que j'aille.
q. tu ailles
q. aille
q.n. allions
q.v. alliez
qu'ils aillent</td></tr>
<tr><td>Mode Conditionnel
J'acquerrais
....
....
N. acquerrions</td><td>Mode Impératif
Acquiers
acquérons
Acquérez</td><td>Mode subjonctif présent
q. J'acquière
q. tu acquières
qu'il acquière
q.n. acquérions
q.v. acquériez
qu'ils acquièrent</td><td>Imparfait
que j'acquisse
....
....
q.n. acquissions
....
........</td><td>Participe passé.
Acquis
acquise</td></tr>
<tr><td>Mode Indicatif présent
Je bous
....
....
N. bouillons</td><td>Imparfait
Je bouillais
....
N. bouillions
....
........</td><td>Mode subjonctif présent
que je bouille
....
....
q.n. bouillions
....
........</td><td>Participe présent
Bouillant</td><td>Mode indicatif présent
Je cours
....
....
N. courons.
....
........</td></tr>
<tr><td>Mode Subjonctif présent
q. je coure
q.n. courions</td><td>Imparfait
q. je courusse
q.n. courussions</td><td>Participe présent
Courant</td><td>Participe passé
Couru</td><td>Mode indicatif présent
Je cueille
....
....
n. cueillons
....
........</td></tr>
<tr><td>Participe présent
Faillant</td><td>Mode indicatif présent
Je fuis
Tu fuis
Il fuit
N. fuyons
V. fuyez
Ils fuient</td><td>Imparfait
Je fuyais
N. fuyions</td><td>Mode Impératif
Fuis
Fuyons
Fuyez</td><td>Mode Subjonctif
que je fuie
....
q.n. fuyions
........</td></tr>
<tr><td>Mode Conditionnel
Je mourrais
N. mourrions</td><td>Mode Impératif
Meurs
Mourons
Mourez</td><td>Mode Subjonctif présent
q. je meure
q. tu meures
qu'il meure
q.n. mourions
q.v. mouriez
qu'ils meurent</td><td>Imparfait
Que je mourusse
q.n. mourussions</td><td>Participe présent
Mourant</td></tr>
<tr><td>Mode Impératif.
Ouvre
Ouvrons
Ouvrez</td><td>Mode Subjonctif présent
q. j'ouvre
q. n. ouvrions</td><td>Participe présent
Ouvrant</td><td>Participe passé
Ouvert
Ouverte</td><td>Mode Indicatif présent
Je pars
N. partons</td></tr>
<tr><td>Imparfait
Je sentais
N. sentions</td><td>Mode Impératif.
Sens
Sentons
Sentez</td><td>Mode Subjonctif présent
q. je sente
q. n. sentions</td><td>Participe présent
Sentant</td><td>Mode Indicatif présent
Je sers
N. servons</td></tr>
<tr><td>Imparfait
Je sortais
N. sortions</td><td>Mode Impératif
Sors
Sortons
Sortez</td><td>Mode Subjonctif présent
que je sorte
q.n. sortions</td><td>Mode Indicatif présent
Je tiens
N. tenons
V. tenez
Ils tiennent</td><td>Imparfait
Je tenais
N. tenions</td></tr>
<tr><td>Imparfait
q. je tinsse
q. n. tinssions</td><td>Participe présent
Tenant</td><td>Participe passé
Tenu, tenue</td><td>Mode Indicatif présent
Je vêts
N. vêtons</td><td>Imparfait
Je vêtais
N. vêtions</td></tr>
</table>

Ouïr, 57. Ouvrir, 59. Partir, 65. Sentir, 70. Servir, 75. Sortir 80.

Conjugaison C.

...re et la 2e. Conjugaison.

...Courir, 25. Cueillir, 35. Faillir, 41. Fuir, 42. Mourir 47.

Futur ...enverrai ....enverrons	Mode condition. J'enverrais .... N. enverrions	Mode Indicatif présent J'acquiers Tu acquiers Il acquiert N. acquérons V. acquérez Ils acquièrent	Prétérit défini. J'acquis Tu acquis Il acquit N. acquîmes V. acquîtes Ils acquirent	Futur. J'acquerrai Tu acquerras Il acquerra N. acquerrons V. acquerrez Ils acquerront
...de indicatif présent ...assaille ....assaillons	Imparfait J'assaillais .... N. assaillions	Mode impératif Assaille Assaillons Assaillez	Mode Subjonctif présent que j'assaille .... q. n. assaillions	Participe présent Assaillant.
Imparfait ...courais .... courions	Prétérit défini Je courus N. courûmes	Futur simple Je courrai N. courrons	Mode conditionnel Je courrais N. courrions	Mode impératif Cours Courons Courez
...imparfait ...cueillais ....cueillions	Futur simple Je cueillerai .... N. cueillerons	Mode Conditionnel Je cueillerais .... N. cueillerions	Mode Impératif. Cueille Cueillons Cueillez	Participe présent Cueillant
Participe présent Fuyant	Mode indicatif présent Je meurs Tu meurs Il meurt N. mourons V. mourez Ils meurent	Imparfait Je mourais N. mourions	Prétérit défini Je mourus N. mourûmes	Futur simple Je mourrai N. mourrons.
Participe passé. Mort Morte	Prétérit défini J'ouïs Il ouït	Mode Subjonctif Imparfait q. j'ouïsse qu'il ouït.	Mode Indicatif présent J'ouvre N. ouvrons	Imparfait J'ouvrais N. ouvrions
Imparfait ...e partais ...partions	Mode Impératif Pars Partons Partez	Mode Subjonctif présent q. je parte q. n. partions	Participe présent Partant	Mode Indicatif présent Je sens N. sentons
Imparfait Je servais ...N. servions	Mode Impératif. Sers Servons.	Mode subjonctif présent q. je serve q. n. servions	Participe présent Servant.	Mode Indicatif présent Je sors N. sortons.
...rétérit défini Je tins ...n. tînmes	Futur simple Je tiendrai N. tiendrons	Mode Conditionnel Je tiendrais N. tiendrions	Mode Impératif. Tiens Tenons Tenez	Mode Subjonctif présent q. je tienne q. n. tenions
Mode Impératif Vêts Vêtons Vêtez	Mode subjonctif présent. q. je vête q. n. vêtions	Participe présent Vêtant.	Participe passé. Vêtu, vêtue.	

...o. Tenir, 84. Vêtir, 94.

3me Tableau

Verbes Irréguliers

Asseoir, 1. Choir, 11. Déchoir, 12. Échoir, 18

Mode indicatif présent. Je m'assieds Tu t'assieds Il s'assied N. n. asseyons V. v. asseyez Ils s'asseyent	Imparfait Je m'asseyais . . . . N. n. asseyions	Prétérit défini Je m'assis . . . . N. n. assîmes	Futur simple Je m'assiérai ou Je m'asseierai N. n. assiérons ou N. n. asseierons	Mode Conditionnel présent Je m'assiérais Je m'asseierais N. n. assiérions N. n. asseierions
Participe passé Chu, chue	Mode Indicatif Présent Je déchois N. déchoyons	Imparfait Je déchoyais N. déchoyions	Futur simple Je décherrai N. décherrons	Mode Conditionnel présent Je décherrais N. décherrions
Participe présent Échéant	Mode Indicatif présent Il faut	Futur simple Il faudra	Mode Conditionnel présent Il faudrait	Mode Subjonctif présent qu'il faille
Mode Indicatif présent Il pleut	Prétérit défini Il plut	Mode Subjonctif présent qu'il pleuve	Participe présent Pleuvant	Participe passé Plu
Mode Subjonctif présent q. je pourvoie q. n. pourvoyions	Participe prést Pourvoyant	Mode indicatif Je puis ou je peux Tu peux Il peut N. pouvons V. pouvez Ils peuvent	Imparfait Je pouvais N. pouvions	Prétérit défini Je pus N. pûmes
Mode Indicatif présent Je prévaux N. prévalons	Futur simple Je prévaudrai N. prévaudrons	Mode Conditionnel présent Je prévaudrais N. prévaudrions	Mode Subjonctif présent q. je prévale q. n. prévalions	Mode Indicatif présent Je sais N. savons
Mode Subjonctif présent Que je sache q. n. sachions	Imparfait Que je susse q. n. sussions	Participe prést Sachant	Participe passé Su, sue	Mode Indicatif présent Il sied Ils siéent
Mode Indicatif présent Je sursois N. sursoyons	Imparfait Je sursoyais N. sursoyions	Prétérit défini Je sursis N. sursîmes	Futur simple Je surseoirai N. surseoirons	Mode Conditionnel présent Je surseoirais N. surseoirions
Mode indicatif présent Je vaux N. valons	Imparfait Je valais N. valions	Prétérit défini Je valus N. valûmes	Futur simple Je vaudrai N. vaudrons	Mode Conditionnel présent Je vaudrais N. vaudrions
Prétérit défini Je vis N. vîmes	Futur simple Je verrai N. verrons	Mode Conditionnel présent Je verrais N. verrions	Mode impératif Vois Voyons	Mode Subjonctif présent q. je voie q. n. voyions

Prévaloir, 51. Savoir, 55, Seoir, 65. Surseoir, 71, valoir,

de Conjugaisons.

la 3me Conjugaison.

Falloir, 22. Mouvoir, 26. Pleuvoir, 31. Pourvoir, 36. Pouvoir, 43.

Mode Impératif. assieds-toi asseyons-nous	Mode subjonctif présent. que je m'asseie ...... q.n.n. asseyions	Imparfait q. je m'assisse .... q.n.n. assissions	Participe prést. s'asseyant	Participe passé Assis Assise
Mode Impératif. Déchois Déchoyons	Mode Subjonctif présent. q. je déchoie q.n. déchoyions	Mode indicatif présent. Il échoit ou Il échet Ils échoient	Futur simple J'écherrai	Mode Conditionnel présent J'écherrais
Mode Indicatif présent. Je meus N. mouvons Ils meuvent	Prétérit défini Je mus N. mûmes	Mode Impératif. Meus Mouvons	Mode subjonctif présent q. je meuve q.n. mouvions	Imparfait q. je musse q.n. mussions
Mode indicatif présent. Je pourvois N. pourvoyons	Imparfait Je pourvoyais N. pourvoyions	Futur simple Je pourvoirai N. pourvoirons	Mode Conditionnel présent. Je pourvoirais N. pourvoirions	Mode Impératif. Pourvois Pourvoyons.
Futur simple Je pourrai N. pourrons	Mode Conditionnel Je pourrais N. pourrions	Mode subjonctif présent q. je puisse q.n. puissions	Imparfait q. je pusse q.n. pussions	Participe prést. Pouvant
Imparfait Je savais N. savions	Prétérit défini Je sus N. sûmes	Futur simple Je saurai N. saurons	Mode Conditionnel présent Je saurais N. saurions	Mode Impératif Sache Sachons
Imparfait Il seyait	Futur simple Il siéra	Mode Conditionnel présent Il siérait	Mode subjonctif présent qu'il siée qu'ils siéent	Participe prést. Seyant
Mode Impératif. Sursois Sursoyons	Mode subjonctif présent q. je sursoie q.n. sursoyions	Imparfait q. je sursisse q.n. sursissions	Participe prést. Sursoyant	Participe passé Sursis Sursise
Mode subjonctif présent q. je vaille q.n. valions	Imparfait q. je valusse q.n. valussions	Participe prést. valant	Mode Indicatif présent Je vois N. voyons	Imparfait Je voyais N. voyions
Imparfait q. je visse q.n. vissions	Participe prést. Voyant	Participe passé Vu, vue		

voir, 89.

4me Tableau d[...]

Verbes Irréguliers de la 3ème[...]

Vouloir, 1. Absoudre, 10. Battre, 18. Boire, 24. Braire, [...]

Mode Indicatif présent Je veux N. voulons V. voulez Ils veulent	Imparfait Je voulais N. voulions	Prétérit défini Je voulus. N. voulûmes	Futur simple Je voudrais. N. voudrons	Mode Conditionnel présent Je voudrais N. voudrions
Imparfait J'absolvais N. absolvions	Futur simple J'absoudrai N. absoudrons	Mode Conditionnel présent J'absoudrais N. absoudrions	Mode Impératif Absous Absolvons	Mode Subjonctif présent q. j'absolve q. n. absolvions
Mode Impératif. Bat Battons	Mode Subjonctif présent q. je batte q. nous battions	Imparfait q. je battisse q. n. battissions	Mode indicatif présent Je bois N. buvons V. buvez Ils boivent	Imparfait Je buvais N. buvions.
Participe passé Bu, bue.	Mode Indicatif présent Il brait Ils braient	Imparfait. Il brayait Ils brayaient	Futur simple Il braira Ils brairont	Mode Conditionnel présent Il brairait Ils brairaient
Imparfait Je concluais N. concluions	Prétérit défini Je conclus N. conclûmes	Mode Impératif Conclus Concluons.	Mode Subjonctif présent q. je conclue q. n. concluions	Imparfait Concluant
Mode Impératif. Conduis Conduisons	Mode Subjonctif présent q. je conduise q. n. conduisions.	Imparfait. q. je conduisisse q. n. conduisissions	Participe présent conduisant	Participe passé Conduit conduite.
Participe prés.t Confisant	Participe passé confit, confite.	Mode Indicatif présent. Je couds N. Cousons	Imparfait Je cousais N. cousions.	Prétérit défini Je cousis N. cousîmes.
Mode Indicatif présent Je crois Il croit N. croyons	Imparfait Je croyais N. croyions.	Prétérit défini Je crus N. crûmes	Mode Impératif. Crois Croyons	Mode Subjonctif présent q. je croie q. n. croyions.
Prétérit défini Je crûs N. crûmes	Mode Impératif. Crois Croissons	Mode Subjonctif présent q. je croisse q. n. croissions.	Imparfait que je crusse q. n. crussions	Participe prés.t Croissant
Mode Subjonctif présent q. je dise q. n. disions	Imparfait que je disse q. n. dissions	Participe prés.t Disant.	Participe passé Dit, dite.	Mode Indicatif présent Il éclot Ils éclosent.

Croire, 71, Croître, 79. Dire, 87. Éclore, 95.

Conjugaisons.

de la 4ème Conjugaison.

Clore, 36. Conclure, 40. Conduire, 48. Confire, 56. Coudre, 63.

Mode subjonctif présent que je veuille q. n. voulions	Imparfait q. je voulusse q. n. voulussions	Participe prést. Voulant	Participe passé voulu	Mode Indicatif présent J'absous N. absolvons.
Participe prést. absolvant	Participe passé absous absoute	Mode Indicatif présent Je bats N. battons.	Imparfait Je battais N. battions.	Prétérit défini Je battis. N. battîmes
Prétérit défini Je bus N. bûmes	Mode Impératif Bois Buvons	Mode subjonctif présent q. je boive q. n. buvions.	Imparfait q. je busse q. n. bussions	Participe prést. Buvant.
Mode indicatif présent Je clos Tu clos Il clos pas de pluriel	Futur simple Je clorai	Mode conditionnel présent Je clorais	Participe passé clos, close	Mode Indicatif présent Je conclus N. concluons.
Participe prést. concluant	Participe passé Conclu, conclue	Mode Indicatif présent Je conduis N. conduisons	Imparfait Je conduisais N. conduisions	Prétérit défini Je conduisis N. conduisîmes
Mode indicatif Présent Je confis Tu confis Il confit N. confisons V. confisez Ils confisent	Imparfait Je confisais N. confisions	Prétérit défini Je confis N. confîmes	Mode Impératif Confis Confisons	Mode Subjonctif. q. je confise q. n. confisions.
Mode Impératif Couds Cousons	Mode Subjonctif présent que je couse q. n. cousions.	Imparfait q. je cousisse q. n. cousissions.	Participe prést. Cousant.	Participe passé Cousu, cousue,
Imparfait q. je crusse q. n. crussions	Participe prést. Croyant.	Participe passé Cru, crue.	Mode Indicatif présent Je crois Il croît. N. croissons.	Imparfait Je croissais N. croissions.
Participe passé Crû, crue.	Mode indicatif Présent. Je dis N. disons V. dites Ils disent	Imparfait Je disais N. disions	Prétérit défini Je dis N. dîmes	Mode Impératif. Dis Disons Dites.
Futur simple Il éclora Ils écloront	Mode Conditionnel présent. Il éclorait Ils écloraient	Mode Subjonctif présent. qu'il éclose qu'ils éclosent	Participe passé Eclos, éclose.	

6me Tableau d

Verbes Irrégulier

Prendre 1. Résoudre, 9. Rire, 17. Suffire, 25. Suivre,

Mode Indicatif présent Je prends N. prenons.	Imparfait Je prenais N. prenions	Prétérit défini. Je pris N. prîmes	Mode Impératif. Prends Prenons.	Mode Subjonctif présent. q. je prenne q. n. prenions
Prétérit défini Je résolus N. résolûmes	Mode Impératif. Résous Résolvons	Mode Subjonctif présent. q. je résolve q. n. résolvions	Imparfait q. je résolusse q. n. résolussions	Participe prést Résolvant
Mode Subjonctif présent. q. je rie q. n. riions	Imparfait. q. je risse q. n. rissions	Participe prés. Riant	Participe passé. Ri	Mode Indicatif présent. Je suffis N. suffisons
Participe passé suffi	Mode indicatif présent Je suis N. suivons	Imparfait Je suivais N. suivions	Prétérit défini Je suivis N. suivîmes	Mode impératif: Suis Suivons
Imparfait Je taisais N. taisions	Prétérit défini Je tus N. tûmes	Mode Impératif. Tais Taisons.	Mode Subjonctif présent q. je taise q. n. taisions	Imparfait q. je tusse q. n. tussions
Mode Subjonctif présent q. je traie q. n. trayions.	Participe présent. Trayant	Participe passé. Trait, traite	Mode indicatif présent Je vaincs Tu vaincs Il vainc N. vainquons V. vainquez Ils vainquent.	Imparfait. Je vainquais N. vainquions
Participe passé Vaincu Vaincue	Mode indicatif présent. Je vis N. vivons.	Imparfait. Je vivais N. vivions	Prétérit défini. Je vécus N. vécûmes	Mode impératif. Vis Vivons

Conjugaisons

de la 4e Conjugaison.

Taire, 40. Traire, 48. Vaincre, 54. Vivre, 62

Imparfait. que je prisse. q. n. prissions	Participe prés. Prenant	Participe passé. Pris, prise	Mode indicatif présent Je résous N. résolvons	Imparfait Je résolvais N. résolvions
Participe passé. Résolu Résolue.	Mode Indicatif présent. Je ris N. rions	Imparfait Je riais N. riions	Prétérit défini. Je ris N. rîmes	Mode Impératif. Ris Rions.
Imparfait Je suffisais N. suffisions	Prétérit défini Je suffis N. suffîmes	Mode Impératif. Suffis Suffisons	Mode subjonctif présent q. je suffise q. n. suffisions	Participe passé Suffisant
Mode subjonctif présent. q. je suive q. n. suivions.	Imparfait q. je suivisse q. n. suivissions	Participe prés. Suivant	Participe passé Suivi, suivie	Mode Indicatif présent Je tais N. taisons
Participe prés. Taisant	Participe passé Tu, tue.	Mode indicatif présent Je trais N. trayons.	Imparfait Je trayais N. trayions	Mode impératif. Trais Trayons
Prétérit défini Je vainquis N. vainquîmes	Mode Impératif. Vainquons	Mode Subjonctif présent. q. je vainque q. n. vainquions.	Imparfait. q. je vainquisse q. n. vainquissions.	Participe prés. Vainquant
Mode subjonctif présent je vive n. vivions	Imparfait q. je vécusse q. n. vécussions	Participe prés. Vivant	Participe passé. Vécu.	

5me Tableau de[…]

Verbes Irréguliers de l[…]

Écrire, 1. Faire, 9. Frire, 19. Lire, 22. Luire, 30. […]

Mode Indicatif présent. J'écris N. écrivons.	Imparfait J'écrivais N. écrivions	Prétérit défini. J'écrivis N. écrivîmes	Mode Impératif. Écris Écrivons	Mode Subjonctif présent Q. j'écrive Q. n. écrivions
Prétérit défini Je fis N. fîmes	Futur simple Je ferai N. ferons	Mode Conditionnel présent. Je ferais N. ferions	Mode Impératif Fais Faisons Faites	Mode Subjonctif présent. Q. je fasse Q. n. fassions
Participe passé Frit, frite	Mode Indicatif présent Je lis N. lisons	Imparfait Je lisais N. lisions	Prétérit défini Je lus N. lûmes	Mode Impératif. Lis Lisons Lisez
Imparfait Je luisais N. luisions	Mode Subjonctif présent. Q. je luise Q. n. luisions	Participe prés.t Luisant	Participe passé Lui	Mode Indicatif présent Je mets N. mettons
Participe prés.t Mettant	Participe passé Mis, mise	Mode Indicatif présent Je mouds N. moulons	Imparfait Je moulais N. moulions	Prétérit défini Je moulus N. moulûmes
Mode Indicatif présent Je nais N. naissons	Imparfait Je naissais N. naissions	Prétérit défini Je naquis N. naquîmes	Mode Impératif Nais Naissons	Mode Subjonctif présent Q. je naisse Q. n. naissions
Prétérit défini Je nuisis N. nuisîmes	Mode Impératif. Nuis Nuisons	Mode Subjonctif présent Q. je nuise Q. n. nuisions	Imparfait Q. je nuisisse Q. n. nuisissions	Participe prés.t Nuisant
Participe prés.t Paissant	Participe pass. Pu	Mode Indicatif présent. Je parais Il paraît N. paraissons.	Imparfait Je paraissais N. paraissions	Prétérit défini Je parus N. parûmes
Mode Indicatif présent Je peins N. peignons.	Imparfait Je peignais N. peignions	Prétérit défini Je peignis N. peignîmes	Mode Impératif Peins Peignons.	Mode Subjonctif présent Q. je peigne Q. n. peignions
Prétérit défini Je plus N. plûmes	Mode Impératif Plais Plaisez	Mode Subjonctif présent. Q. je plaise Q. n. plaisions	Imparfait Q. je plusse	Participe prés. Plaisant

Paraître, 73. Peindre, 81. Plaire, 89.

Conjugaisons.

4ème Conjugaison.

...ttre, 35. Moudre, 43, Naître, 51. Nuire, 59. Paître, 67.

Imparfait q. j'écrivisse n. écrivissions	Participe prést. Écrivant.	Participe passé Écrit, Écrite	Mode indicatif présent. Je fais N. faisons V. faites Ils font	Imparfait Je faisais N. faisions
Imparfait q. je fisse q. n. fissions	Participe prést. faisant	Participe passé Fait, faite	Mode indicatif présent. Je fris Tu fris Il frit pas de pluriel.	Mode Impératif. Fris.
Mode Subjonctif présent q. je lise q. n. lisions	Imparfait q. je lusse q. n. lussions	Participe prést. Lisant	Participe passé Lu, lue	Mode Indicatif présent Je luis N. luisons
Imparfait Je mettais N. mettions	Prétérit défini Je mis N. mîmes	Mode Impératif. Mets Mettons	Mode Subjonctif présent Q. je mette q. n. mettions	Imparfait q. je misse q. n. missions
Mode Impératif. Mouds Moulons	Mode Subjonctif présent q. je moule q. n. moulions	Imparfait q. je moulusse q. n. moulussions	Participe prés. Moulant	Participe passé Moulu, moulue
Imparfait q. je naquisse q. n. naquissions	Participe prést. Naissant	Participe passé Né, née	Mode Indicatif présent Je nuis N. nuisons	Imparfait Je nuisais N. nuisions
Participe passé Nui	Mode Indicatif présent Je pais Il paît N. paissons	Imparfait Je paissais N. paissions.	Mode Impératif. Paissons Paissez	Mode Subjonctif présent. q. je paisse q. n. paissions
Mode Impératif. Parais Paraissons	Mode Subjonctif présent. q. je paraisse q. n. paraissions	Imparfait q. je parusse	Participe prést. Paraissant.	Participe passé Paru.
Imparfait q. je peignisse q. n. peignissions	Participe prést. Peignant	Participe passé Peint Peinte	Mode Indicatif présent. Je plais N. plaisons	Imparfait Je plaisais N. plaisions.
Participe passé. Plu				

www.ingramcontent.com/pod-product-compliance
Ingram Content Group UK Ltd.
Pitfield, Milton Keynes, MK11 3LW, UK
UKHW022105190726
13855UKWH00002B/664

9 782013 085014